谷歌的断舍离

互联网企业的破坏式创新

[日] 辻野晃一郎 著 樊颖 等译

成 功 体 験 は い ら な い

机械工业出版社
China Machine Press

图书在版编目（CIP）数据

谷歌的断舍离：互联网企业的破坏式创新 /（日）辻野晃一郎著；樊颖等译．—北京：机械工业出版社，2017.12

ISBN 978-7-111-58493-3

I. 谷… II. ①辻… ②樊… III. 网络公司－企业管理－经验－美国 IV. F279.712.444

中国版本图书馆 CIP 数据核字（2017）第 277921 号

本书版权登记号：图字 01-2017-4114

谷歌的断舍离：互联网企业的破坏式创新

出版发行：机械工业出版社（北京市西城区百万庄大街 22 号 邮政编码：100037）
责任编辑：刘新艳
责任校对：李秋荣
印　　刷：北京诚信伟业印刷有限公司
版　　次：2018 年 1 月第 1 版第 1 次印刷
开　　本：147mm × 210mm　1/32
印　　张：6
书　　号：ISBN 978-7-111-58493-3
定　　价：45.00 元

凡购本书，如有缺页、倒页、脱页，由本社发行部调换
客服热线：（010）68995261　88361066　　投稿热线：（010）88379007
购书热线：（010）68326294　88379649　68995259　　读者信箱：hzjg@hzbook.com

不擅长舍弃的日本人

日本人原本擅长舍弃

日本人原本是擅长舍弃的。

所谓舍弃，并不是把旧的东西和往日的积蓄一股脑地丢掉，而是在继承优良传统和习惯的同时整理出废物并丢弃，以新的心情开始新的征程。

2013 年举行的一个仪式正象征了日本人这种勇于舍弃的精神。这就是 20 年一度的伊势神宫“式年迁宫”仪式，当时我也前去参拜。

作为拥有日本最高权威且历史悠久的伊势神宫其实每 20 年就会重建神殿。令人惊讶的是这一做法从飞鸟时代开始，持续 1300

年至今，这次是第 62 次重建神殿。

尊重遗迹与历史建筑，为了子孙后代将其原封不动地保存下来，这样的努力固然重要，但重建神殿这一做法中也蕴含了用不同于简单留存的方法来传承传统与文化的日本式智慧。

因为“式年迁宫”的缘故，伊势神宫不再是文物古迹，而焕发着日本文化的勃勃生机。来到这里的也不是怀古凭吊的游客，而是各个时代心怀祈愿和烦恼的信众。“式年迁宫”要求定期重建神殿，这也使得古代的建筑技术传承延续至今。

我认为“式年迁宫”生动体现了“不断舍弃才能持续发展”这一日本人智慧的本源。

对旧式大企业抱有期待实为残忍

曾经擅长舍弃的日本现在变得奇怪。眼见之处，皆是背负着过去的沉重遗产，无法舍弃也迈不出新的一步，完全动弹不得的痛苦景象。

以制造业为主的日本大企业正是这种情况的典型代表。这些优秀的大企业曾在日本经济高速增长时引领经济腾飞，现如今其中的大半被过往的荣光牢牢束缚，毫无腾挪之力。

我本人曾在索尼公司效力 20 余年，眼见索尼公司的发展与衰落。由此我切身体会到了“无法舍弃”是如何侵蚀企业的。也正是这个原因，促使我想借由本书传达“及早舍弃，向前迈进”这一理念。

2011 年发生了东日本大地震，就在这一年索尼、松下、夏普等知名家电企业的账面上纷纷出现了巨额亏损，震惊世人。尔必达（ELPIDA）储存器公司的倒闭象征着曾经繁荣兴盛，堪称产业中枢的日本半导体产业已是风中残烛。其他产业也不可认为这一切与己无关，就隔岸观火。近几年竞争环境整体发生巨变，今后不论多么知名的企业或老牌优质企业出现业绩恶化都不会令人感到意外。

也许是因为我曾经长期在家电企业工作，一有家电企业业绩恶化的消息传出，总有经济类杂志或电视台来采访我。问题基本上离不开“请谈谈让索尼公司复活的良策”“要让国内各家电企业起死回生应该怎么办”这类话题。

每当这时我总会反问记者：“为什么觉得这些企业必须复活呢?”

也许大家觉得目前的衰败属于异常情况，重整旗鼓是理所应当的，所以很多记者听到我的反问不禁语塞，说：“您这么一问可真让我为难。”我的想法是，那些跟不上时代潮流，也不能继续为社会提供新价值的企业就让它自然淘汰。

如此放言也许显得粗鲁甚至失礼，但是请大家仔细想想。索尼创立于 1946 年，至今已 68 载。若比喻为人，已是光荣退休安度余生的年龄。至于松下，则是马上要迎来百岁寿诞的人瑞了。

我并非要将上述这些企业看作风烛残年的老人，把它们排除在外。我想表达的是，若我们只把希望寄予这些高龄企业，在一旁鼓动、叫喊着“复活”“重生”，这种行为未免过于残忍，或者无礼。

这些企业已经为第二次世界大战后日本经济的发展做出了巨大

贡献。它们昭显了日本发展的方向与愿景，创造了社会财富，让世界知道了日本这一优秀品牌，甚至为其他国家的经济增长也贡献了很大力量。因而可以说它们充分且出色地完成了自己的使命。

尽管如此我们还说着“再努力些吧，请继续牵引着日本经济前行”等这些话，难道不是在用鞭子抽打着它们衰老的躯体吗?

可以说一方面大企业无法舍弃古老的思维与模式，在苦苦挣扎，而另一方面媒体与许多日本人也未能抛开陈旧的想法。时至今日许多人依然无法摆脱某些陈腐的观念，例如认为大企业应该一如既往地引领日本经济前行，觉得大型企业不可能倒闭。

我和 Salesforce 公司的创始人马克 · 贝尼奥夫有过交流，他在谈到日本的情况时说:“我和日本的经营者交谈时，他们总说日本缺乏创业者文化，可是我认为事实并非如此。乐天公司的三木谷浩史社长不就是一位创业家吗? 还有 GREE 公司的田中良和社长、迅销公司的柳井正社长都是创业家。盛田昭夫先生是最伟大的创业家之一。与其说日本缺乏创业精神，不如说创业者在日本没有得到很好的评价。究其原因很简单，因为创业者颠覆了已有的观念。”

的确如此，日本的当务之急是培养这样一种环境:尊重勇于舍弃陈旧的观念模式，颠覆既有概念的人。

提升决策与行动的速度

我在谷歌这一“构建云计算的当今和未来的公司”工作，从内部切身体验到了它的过人之处。现在互联网中诞生了一个无疆界的地球，这个时代的关键词就是“云计算的实时性”。

我们生活在这样一个时代：所有事件能够瞬间传遍世界，在无网络时代与己无关的事情瞬间变得与自己息息相关。谷歌最为深刻地领悟了这个时代的本质，瞬时跃居风靡全球的位置。这正是因为谷歌决策与行动的速度快得出奇。

东日本大地震发生一年后，我造访了受灾地区。在那里我眼见灾后重建工作迟迟没有进展，瓦砾与废弃的汽车堆叠着，倒塌的建筑旁横放着海浪冲来的船只。

地震确实是天灾，但灾后重建毫无进展是人祸。这 20 多年来日本不断退化的情形以这样一种形式显现在我们眼前。

灾后重建工作滞后是因为日本已经行动迟缓到连面对如此严重的事态都拿不出有效率的决策与行动。逃避责任的态度十分明显。在经济高速增长的时期，日本所展现出的那种毅然、机敏以及活跃的行动力已然衰退。

必须尽快恢复决策与行动的速度。

有所舍弃后才看到的世界

我于 2006 年从索尼公司辞职。那一年我在故乡福冈的宗像大社内请到的签上写着这样一段话：“宜舍旧迎新，不要被某一事物束缚而做无用之思。振作精神，舍弃该舍弃的，向着正确的方向进发。”这段话成为日后我一切行动的原点。

仔细想来，我发现当时的“宜舍旧迎新”这一签语不仅对我个人，对日本这个国家整体也完全适用。

虽然从2013年起形势有所变化，企业业绩转好，经济也逐渐恢复，但我还是衷心希望日本能够更加生机蓬勃。我想很多人都同样怀揣这一美好愿望，可现实却是不知道怎么做才好。尽心尽力地工作却不见成效；被周围的环境束缚而无法施展才能；想开创新的事业可不知从何下手……

我之所以要写这本书，就是想促使这些人展开新的挑战。我想对年轻人说，尽管大胆地去冒险吧。

曾经索尼公司因为敢为人先，富有开拓者精神而被称作“豚鼠”。

今后我们所需要的开拓者精神并不是在20世纪的延长线上去创意和行动，而是要创造出21世纪的全新模式，不断挑战。

其实迎接挑战是件很快乐的事。只要具备一些智慧和勇气，你会发现迎接挑战并没有想象中那么难。

迎接挑战的第一步正是将背负着的珍爱之物毅然舍弃。从工作了20多年的索尼公司辞职，于我而言是一个痛苦的抉择。可正是这个抉择促使我与谷歌公司邂逅，使我能够接触到云计算技术的最前沿领域。由此结识了众多同伴，更是我一生的幸事。

后来我开始了新的挑战。我希望自己成为让日本走向世界的平台，基于这一理念我开始创业，梦想就是“建立源于日本的21世纪全新模式的跨国企业”。所有这一切都是从索尼公司辞职这一决断中得来的。

我并不是让读者现在就从公司辞职。我想告诉大家，在人生的关键时刻重启，果断地舍弃应该丢弃的东西能够给人生带来转机。我们周围满溢着落伍的常识与思维方式、陈旧的商业模式与组织形态。挣脱这些枷锁，你的眼前会出现一个崭新的世界。

|目 录|

成功体験はいらない

|第1章|

这是一个被成功经验锁住双脚的时代

1

1. 特斯拉电动车带来的冲击

IT 企业研发汽车的时代

东京的青山可以算是一个汽车展厅的小型圣地。本田汽车的总部位于此地并有自己的展厅，此外，丰田雷克萨斯，以及捷豹、菲亚特、宝马等一众国外汽车品牌的展厅也鳞次栉比。

美国的电动汽车厂商特斯拉电动汽车的展厅也位于青山的一隅。在这里可以试乘这种电动汽车，试乘之后你一定会感到惊讶，因为这和乘坐普通汽油动力车的感觉完全不同。

特斯拉电动汽车可以在 4 秒之内从 0 加速到时速 100 公里，和汽油动力车的曲线加速方式不同，电动汽车的加速方式可以说是直线型的。我第一次体验特斯拉电动汽车时甚至有一种坐过山车的刺激感。

说到美国的汽车公司，人们就会联想到位于密歇根州的底特律城，那里聚集着通用和福特等汽车工厂及它们的总部。然而特斯拉的CEO却是埃隆·马斯克，他参与创立了早期的网上支付平台贝宝公司（PayPal），最近，埃隆·马斯克旗下的SpaceX太空探索技术公司成功发射了商业火箭[一]。

2050年世界人口将达到100亿，埃隆·马斯克对此怀有危机意识，他正设想将来让人类移居到其他行星上。埃隆·马斯克对地球环境恶化感到强烈的危机感，他积极投资清洁能源事业，特斯拉电动汽车就是其中之一。总之，他是一位天马行空的人物。

特斯拉电动汽车的投资人中还有贝宝公司的母公司——世界上最大的网上拍卖平台eBay公司的首任总裁杰弗里·斯克尔、谷歌公司的创始人拉里·佩奇和谢尔盖·布林。

也就是说，特斯拉电动汽车并非诞生于底特律

[一] 2013年3月12日，SpaceX成功发射并回收可重复利用的火箭，搭载飞船与国际空间站成功对接。这是史上第一次由私人公司发射火箭。——译者注

城，而是来自硅谷的一家电动汽车厂商，这家厂商实际上是一个 IT 型的高新企业。

因此，特斯拉汽车公司生产的电动汽车更像是一部“移动的 IT 机器”，特斯拉汽车公司和传统的汽车制造业在生产方式和速度上都有着显著的区别。

传统的垂直整合型汽车制造商若要研发电动汽车，一般都要考虑在电动汽车的核心部分，即车载专用的大容量电池上超越别的厂家，从电池的研发着手，而电池的研发需要投入巨额成本和漫长的时间。

特斯拉汽车公司的构想完全与众不同。它没有研发车载专用电池，而是将 7000 多节用于笔记本电脑和手机中的通用锂电池组合成电池板，并研发出控制这个电池板的软件，以此作为汽车的电池。

这正是水平分工型，以软件为重的 IT 企业的思维方式。它们不是从零开始研发车载专用电池，而是优先考虑如何集中已有的材料进行组合。相较于硬件开发，特斯拉电动汽车在产品架构和软件研发方面更为殚精竭智。特斯拉汽车公司有着与传统的汽车制造业完全不同的研发模式。

我的一位朋友曾经想跳槽到特斯拉汽车公司，在向对方进行录用方面的前期咨询时，对方立刻就跟他确定了面谈的时间。

我的朋友因他们的办事速度备受感动，还特地跟我联络讲述了这件事情。

原本 IT 界被称为 dog year[㊀]，一切事情都运转得特别快。如果不把特斯拉汽车公司看作汽车厂商，而是当作硅谷中的 IT 企业，这样的办事速度可以说是理所应当的，并不值得惊讶。不过若是去日本大型汽车厂商那里求职又会是怎样呢？如果是中途跳槽进入公司的话，比起直接录用的毕业生恐怕会经历更加烦琐的程序。

谷歌的无人驾驶汽车

传统制造业的商业模式比较简单，即“出售制造的产品，收回货款后完成商业交易”。然而特斯拉汽车公司是否也是考虑只靠销售成品车获得收益这样的商业模式呢？

例如，通过掌握电池板控制软件的这项专利也可以获得收益。软件的升级也可以产生持续的收益，电池板控制软件还能应用在汽车以外的产

㊀ dog year：狗的一年相当于人的七年，用这个词来表示技术革新和变化的速度之快。——译者注

品上。抑或是一种就像智能手机中的应用软件那样和互联网联动的新型商业模式，让这种商业模式适用于汽车。

由于 IT 人非常善于思考新的商业模式，所以他们可能会在完全不同于传统汽车商业思维的地方发展新的赚钱模式。如果只把特斯拉汽车公司当作高级电动跑车制造商的话，那就忽略了它的本质。

然而谷歌公司的做法是将摄像机、雷达、传感器和电脑安装到市场上的普通汽车中，并在全美进行无人驾驶汽车上路行驶的测试，无人驾驶汽车的行驶里程已达到 70 万英里（约 112 万公里）。最近，谷歌公司终于发布了完全自主研发的第一辆无驾驶席位的无人驾驶汽车原型。

引领谷歌无人驾驶汽车研发项目的是塞巴斯蒂安·特龙（Sebastian Thrun），在他年轻的时候挚友因车祸离世。这是他人生中有关车祸的初次经历，他希望这个世界上不再有悲惨的交通事故。出于这个想法，他把让电脑完全操控汽车作为他毕生的事业。

他认为，如果所有汽车都能用电脑自动操控，世界上就不会再有交通事故和拥堵，也能节约能源和时间。这是一条漫长的征程，但是谷歌团队带着这种使命感，百折不挠地推进无人驾驶汽车项目的发展，最终在短期内就取得了丰硕的成果。美国的内华达州、佛罗里达州、加利福尼亚州等已经允许谷歌无人驾驶汽车上路行驶。美国行政部门对新事物的应对之迅速也让我印象深刻。

由于存在安全性、成本以及基础设备等各种问题，特斯拉汽车公司在电动汽车领域能否成功尚未可知，我们也无从知晓自主研发了整车的谷歌无人驾驶汽车项目今后将如何发展。但可以肯定的是，正在不断诞生与过去定义完全不同的“未来型汽车”。

有些人拥有高度的使命感，熟练掌握 IT 领域知识，具有旺盛的冒险精神，事实上，这些人已经开始改变汽车领域。这让我们预感到在不久的将来，汽车产业的势力版图和商业模式将发生巨大的变化。

公司的“财产”将成为绊脚石

“未来型汽车”的核心竞争力将逐渐转变为软件和人工智能，而引领这种转变的不是传统的汽车制造厂商，而是新涉足汽车行业的 IT 强人们。

虽说如此，也有很多人认为“大型汽车制造商至今为止积累了很多技术和经验，不会随意就输给后来兴起的企业”。但是，果真如此吗？

我想到了苹果公司的 iPod 和 iTunes 面市时的情景。当时我在索尼公司工作，那种冲击我至今仍记忆犹新。

iPod 和 iTunes 从根本上改变了人们听音乐的方式。人们不再拿着 CD 唱机或 MD 唱机边走边听，而是将音乐复制或下载，存储到一个大容量存储器中，带着整个音乐库边走边听。随着这种全新风格的音乐播放器登场，在那之前一直以压倒性的优势而引以为豪的索尼 Walkman 一夜之间就过时了。

其实在网上付费下载音乐这项商业模式最初是索尼公司发起的，但是后来被苹果公司这个后起之秀彻底超越了。

索尼公司被超越有一系列的原因，但其中之一就是“以往的成功经验”。索尼公司相继创造了磁带时代和 CD 时代，已经有了辉煌的 Walkman 的成功经验。

索尼公司延续着以往的成功经验，当时为了普及 MD 唱机，将很多经营资源用在了 MD 唱机的推广上。

另外，索尼公司还致力于追求索尼特有的高品质声音压缩技术和内容保护技术。索尼公司未能彻底舍弃以往的成功经验，所以在数码音乐播放器兴起时没能迅速采取措施。不可否认这是索尼公司失败的原因之一。

我当时并未涉足Walkman等个人音乐播放器业务，然而公司突然委任我重振Walkman业务。和当时的Walkman开发团队交谈后我震惊不已。虽然当时的最大危机是个人音乐播放器的定义发生改变，以及听音乐的方式正在发生翻天覆地的变化，可开发团队竟然想要凭借“高品质的音质”“电池的寿命”，甚至“防水功能”等技术来反败为胜。

1979年面世的Walkman为全世界人们的生活方式带来一场革命。因为过去人们只在房间里听音乐，随着Walkman这种便携式音乐播放设备的开发，音乐成了可以在室外如影随形的东西。

但是在网络和数码音乐播放器出现之后，索尼公司仍未能舍弃“通过改良设备来提升产品的魅力”这一传统的做法。

对索尼公司而言，生产出了Walkman这样划时代的商品，并且一直处于优化产品状态，所以很难舍弃以往的成功经验。

通常人们认为，成功的经验和以往技术的累积是一个企业的财富。其实这恰恰阻碍了企业发展，使企业难以跟上市场的变化，近年来这样的例子比比皆是，这也正是互联网时代日本所处的现状。

善于应对变化的亚洲企业

我最想在这里强调的是：“所谓的成功经验，在取得成功的一瞬间就已经成为过去式了。”因 iPS 细胞的研究而获得诺贝尔奖的京都大学山中伸弥教授，在颁奖仪式后的采访中直言“虽然我备感荣幸，但对于我个人来说荣誉已经是过去式了”，我听了他的这句获奖感言后钦佩不已。

丰田的看板管理方式是一种非常出色的生产方式，被全世界称赞并模仿。它作为制造业现场中优秀的生产理念，今后也将继续发挥作用。然而，现在中国和韩国的制造商充分利用 IT 技术，进行着远优于看板管理方式的生产管理和库存管理。

不得不承认在“应对变化的能力”和“积极吸收新鲜事物”方面，众多日本企业落在了亚洲新兴势力之后。

中国台湾的华硕集团（ASUS）曾在制造笔记本电脑主板和显卡方面占据了全球巨大的份额，是与台湾鸿海集团（富士康）并居世界前列的 EMS [㊀]企业。

㊀ EMS：电子制造服务商（electronic manufacturing services），此类厂商为客户提供包含产品设计、代工生产、后勤管理、产品维修等服务。——译者注

现在华硕集团将EMS部门分离出来，即和硕联合科技股份有限公司（Pegatron），华硕自己着手研发自主品牌的笔记本电脑、智能手机和平板电脑等产品，继续快速发展着。

其实我和华硕集团的董事长施崇棠之间的渊源从索尼公司鼎盛时期就开始了。我在负责VAIO品牌业务初期的时候，前任负责人虽然已经和台湾的一家大型制造商开展合作，但这家制造商生产的产品远远没达到VAIO电脑所要求的水平。

因此我们同那家公司解除了合作关系，换了新的合作公司，这家公司就是华硕。遇到华硕这样优秀的合作伙伴，是当时VAIO成功的一个重要原因。

我从索尼公司辞职之后仍和施崇棠董事长保持着联系，华硕集团也在顺利地发展着。在我刚开始和施崇棠董事长合作时，华硕集团还只是一个年营业额1500亿日元的公司，但现在加上和硕联合科技股份有限公司，华硕集团的年营业额已达到近2万亿日元的规模。

华硕集团成功的重要原因就是领导者施崇棠

先生具有前瞻性。在华硕申请和 VAIO 合作时，索尼公司才刚进军个人电脑业务领域，产量很低。尽管如此，施崇棠先生仍然以优越的条件毅然决定和索尼公司合作，在那之后，伴随着 VAIO 电脑的发展，华硕的业绩也大幅度上升。

很遗憾，我从索尼公司辞职之后，VAIO 和华硕的缘分也到了尽头。后来华硕不仅开发了自有品牌的电脑，也敏锐地察觉到智能手机和平板电脑良好的发展前景，现在和谷歌公司合作，参与 Nexus 系列产品的设计和生产，还着手开发自有品牌的智能手机和平板电脑。

现在我每次去台湾，只要双方日程安排得开就一定会和施崇棠先生见面，一起吃饭，谈论近况，每次见面我都会有很多新发现。

前些日子我们见面时就“今后内容的制作方式会发生很大的变化”这个话题相谈甚欢。

以电影为例，当今时代人们都很忙碌，网络上的信息量也在不断增加，花较长时间在电影院看电影这一生活模式将越来越少。因此，有可能会出现一种与以往不同的电影制作模式，从电影的拍摄阶段在分镜头拍摄方面多加考虑，以便日后推出精简版。或者将各个场景的拍摄“零件化”，方便后期剪辑制作。

施崇棠原本是台湾最大的个人电脑制造商宏基的首席技术官。但他舍弃了在宏基的很多成功经验和工作环境转向华硕这一新创立的高新企业，一鼓作气地将华硕打造成台湾最具人气的企业。正在飞速发展的中国台湾企业和大陆新兴企业的经营者对“取舍”的判断非常迅速。他们对任何事情都当机立断，以准确的前瞻性眼光和永不满足的上进心奋勇前进。

这同很多日本企业表现出的无法舍弃成功经验，难以应对变化的情形形成鲜明的对比。

2.“不持有”的勇气

你是否了解云端的真正意义

网络诞生之后云计算（cloud computing）的概念得以实现，随之给世界带来了翻天覆地的变化。在这里我想先简单温习一下云端为何物。

云计算是指用户使用网络连接的服务器群所提供的服务的计算机环境，用户甚至意识不到这些服务器群的存在。换言之，用户可以很便捷地使用联网服务器中的各种数据和应用软件。

从表达和概念上来看，云计算并不是多么新鲜的事物，但由于宽带的普及和互联网技术的迅猛发展，人们可以轻松地使用云计算技术，这大大改变着我们的生活环境和工作方式。

云计算的特点用一个词语概括的话，就是“灵便”。事先将必要的数据置于服务器的终端，用户身边有设备和浏览器，以及可以连接网络的环境即可。一旦适应了云端这样的服务，再回到以前的形式就很难了。

最简单的事例就是当不得不在家加班时，过去是将工作内容保存在软盘或 U 盘中带回家，或者必须通过电子邮件发送数据，但是如果使用云端就没有这个必要了。因此也没有了数据丢失和遗忘的风险。

并且，根据我在谷歌公司的实际体验，云端在公司内部沟通和决策方面也带来众多好处。这一点我会在之后的章节中详细阐述。

“灵便”也就是“不持有”这个概念，这是现在的经营中非常重要的关键词。在激荡变化的时代中，无论持有什么，这个东西都面临迅速过时的风险。只有使用云端这一环境，才能一直使用最新的科技。

我们先说点和云端无关的话题。众所周知，即使在制造业中，苹果等公司并没有自己的工厂和量产设备，生产和零件调配外包给一些亚洲的工厂。

以往的制造业秉承垂直整合型生产方式，以自家生产设备打造品牌特色，可是这种方式存在很大的“持有风险”。现在的制造业需要靠“不持有”的方式实现高速、高效的经营。

夏普和松下一度积极地对数字电视中平板显示器的生产设备进行巨额投资。但是，随后这个举动让它们吃尽苦头，至今记忆犹新。

“持有”这件事，在现在会成为一种巨大的风险。今后的时代，可以说是一个比以往更需要“不持有”的勇气和“舍弃”的决断精神的时代。

亚马逊和谷歌在收集大数据

进入云端时代以来，一种可称为大型网络平台的事物出现了，这对商业界和我们的日常生活都产生了很大的影响。

网络的本质就是“数量”。网络公司若不掌握在用户数量上占绝对优势的平台，就不可能掌握霸权。

现在被称为大型网络平台的谷歌、亚马逊、脸书（Facebook）以及苹果等公司，它们都从一开始就认识到数量的重要性，首先在数量上大举扩张。这些大型网络平台不断吸引用户和合作伙伴，实现快速扩张，它们极大地影响着企业活动和消费者的购买行为，刷新了产业界的势力版图。

我们先来看一看电子商务（electronic commerce，EC）界的代表亚马逊公司和以在线广告为核心业务的谷歌公司的共同点。

亚马逊的网站上登载着用户购买书籍等商品后写下的商品评论，这些评论成了其他用户购物的参考。亚马逊为了开展联署营销计划（affiliate program）还公开了应用程序编程接口（API），在 API 的帮助下，用户不再仅仅是购买方，还能在网站上售卖商品。

此外，亚马逊网站还有推荐功能。不仅根据顾客的购买记录推荐与已购商品类似的商品，还能使顾客看到与自己购买同一商品的顾客所选购的其他商品。

亚马逊的这种推荐功能比其他网站的推荐功能更高效。这是为什么呢？答案就是因为亚马逊有庞大的用户量。我之前说过网络的本质是“数量”，这就是所谓的网络外部性的效果。

网络的外部性是指网站的用户越多价值就越高。以电话为例，如果只有一个用户，电话就没有价值，但如果有两个用户，就可以互相通话，这样电话就有了价值，用户的数量越多，电话的价值就越高。

存在网络外部性的情况下，由于对于新用户而言，网络平台的便利性和经济价值有赖于已有用户量，所以用户少的时候很难普及，但是一旦用户的数量超过某个阈值，用户会急剧增加。

“外部性”原本是一个经济学用语，指人或企业等某个经济主体的决策和行动并不影响交易的当事者，而是对其他经济主体产生影响。

亚马逊公司正是因为认识到这一点，在最初的几年里宁可持续亏损，也要致力于吸引尽可能多的用户。无论是消费者评价、联署营销还是推荐功能的价值都依赖于庞大的用户，用的人越多，越有价值。这也进一步提高了电子商务平台的价值，从而吸引更多的用户，形成良性循环。

谷歌公司是怎么做的呢？在日本的广告界，第三方发布信息和在线广告联盟（AD network）[⊖]

⊖ 在线广告联盟（AD network）：在广告业内，这是一个较为广泛的概念，是一种介于想出售广告空间的网站与想在网站上刊登广告的广告主之间的平台。——译者注终于也普遍化了，这比美国落后了五年。简单来说，在线广告联盟是一个可以将网络广告登载到用户有可能浏览的网站上的自动网络系统。

这种在线广告联盟的网络规模有大有小，全球的广告界人士正在不停争夺这种霸权。其中谷歌开创了它的独立系统Adwords，用检索联动型、内容联动型、网站目标人群选择型等多种方式来发送广告，这个系统已成为谷歌公司的赚钱法宝。

人们普遍认为谷歌 Adwords 的广告效果很好，究其原因，也和前文中提到的亚马逊公司一样，是因为它拥有大量用户。

谷歌大胆地将互联网本身平台化了，在“梳理全世界的信息”这一使命的基础上，在整个互联网上发送广告。可以说谷歌的 Adwords 系统是世界上最大规模的在线广告联盟。谷歌也和亚马逊一样，在初期的时候把收益放在第二位，首先致力于吸引数量庞大的用户。

无论是亚马逊公司还是谷歌公司，都致力于吸引众多的用户，但是更深一步地挖掘这些网络平台的目的的话，它们在吸引众多用户的同时，也在收集着庞大的“数据”。可以说从创业伊始，亚马逊公司和谷歌公司就把收集“大数据”作为企业的目标。

为了吸引大量用户，以及获得和这些用户相关的大数据，这两家公司构建出易于操作的网站，让合作企业和用户参与到平台中扩充商品规模，研发了全球最好的搜索引擎，强化安全性，并且在支撑网络平台的数据中心和数据仓库等硬件方面也持续投入大笔资金。

网络平台的用户增加，带来更多想参与其中的合作伙伴，也带来更多的卖家，实现了良性循环。

从制造业转型为网络平台的苹果公司

接下来我们看看与亚马逊和谷歌略有不同的苹果公司。众所周知，苹果公司最初是一家硬件制造商。在这一点上，苹果公司和索尼公司等日本家电厂商的情况没有很大差别。

但是在互联网普及时期，苹果公司注意到前文所述的网络外部性，通过转变公司发展主线，即构建硬件、软件及服务的整体网络平台，最终和日本企业拉开了巨大的差距。

前文提到过的 iPod 是一款常被用来和索尼公司的 Walkman 等相比较的产品。如果 iPod 只是一台播放设备的话，仅靠设计和使用体验，不可能拥有帮助苹果公司起死回生的魔力。让苹果公司重现生机的关键在于开发了 iTunes 这一集合了转录 CD 及下载音乐功能的综合网络平台。因此用户既不用出门去专门购买 CD 或 DVD，也不必随身携带它们了。

苹果公司从 iPod 和 iTunes 开始构建的网络平台在短期内迅速发展，现在 iPhone 和 iPad 里不仅有 iTunes，还有 App Store，许多应用软件供应商等第三方企业参与进来，进一步增加了 iPhone 和 iPad 的魅力。

因为 iPhone 和 iPad 很受欢迎，因而第三方企业争相开发应用软件；另外，因为有众多通过苹果公司审查的优秀应用软件，iPhone 和 iPad 的销量也不断攀升。由此形成了一种良性循环。

其实对于苹果公司来说，直营店形式的苹果产品零售店铺也是平台的重要组成因素。乔布斯回归苹果公司之后开始开设苹果商店这一直营零售店铺。当时网络销售和电话销售是硬件制造商的主流销售渠道，而且和日本一样，百思买（Best Buy）等大型量贩店的势力在不断扩大。

制造商与潮流逆行，构建自主直营渠道需要巨额投资，当时濒临破产的苹果公司自己构建销售渠道的行为甚至可以算是疯狂之举。

然而，把苹果商店作为苹果品牌推广的核心这一战略取得了丰硕的成果。在店里可以下载软件，可以和店员签协议，店里没有收银台等，都是前所未有的用户体验。与其说是在销售硬件，不如说是在销售用户体验。苹果商店体现了苹果一贯的以用户为中心的理念，吸引了众多顾客。

我认为也许因为苹果公司是硬件制造商出身，在云端方面未能抢得先机，但是之后依托 iCloud，苹果公司在有效使用大数据的基础之上调整了自己的结构。

音乐下载服务已经落后于时代潮流，正在逐渐丧失活力，在 Spotify[㊀] 等定额免费畅听服务人气高涨的时候，苹果公司宣布收购 Beats Electronics 公司，从中也可看出苹果公司想要将发展主轴转向更加灵活运用云端和数据分析

㊀ Spotify 是全球最大的正版流媒体音乐服务平台，2008 年 10 月在瑞典首都斯德哥尔摩正式上线。Spotify 提供的服务分为免费和付费两种，免费用户在使用 Spotify 的服务时将被插播一定的广告。付费用户则没有广告，且可以拥有更好的音质，在移动设备上使用时也可以拥有所有的功能。——译者注

的服务上。

不断刷新着的产业势力版图

前面已经简单阐述过亚马逊、谷歌、苹果公司的情况，随着这些网络平台的势力不断扩大，今后产业界将如何变化呢?

当然，势力版图因平台的类型属于互联网、电子商务、操作系统还是硬件而不同，但一般来说，首先零售业已被整合在电商平台之中。

日本经济产业省 2013 年发布的数据显示，2012 年日本国内的 B2C 电子商务市场达到 9.5 万亿日元的规模，在零售业中仅占 3% 的份额。但反过来看，随着智能手机的普及，真正的冲击才刚刚开始。

流通行业是分种类的。数字流通（如娱乐、信息等）集中于网络平台，而线下的流通量（商品销售）是因为电子商务平台上的购买量的增加而增长的。

亚马逊公司等部分电商平台开始尝试免费配送，但也因此大幅影响了收益，最终成为各家电商之间的体力战，如果没有一定的规模就很难持续。今后，电商行业需要通过与流通业的合作及整合来降低流通成本。

制造业又将面临什么情况呢？除非这些公司能够像苹果公

司那样创建网络平台，否则收益就会被这些平台夺走。克里斯·安德森的《创客》（*Makers*）一书的日文翻译版面世也引起强烈反响，书中提到随着互联网的不断快速发展以及硬盘小型化和价格下降，最终制造业的格局会发生巨大改变。

当今时代，先进的3DCAD和3D打印机将会像个人电脑一样进入千家万户，已经出现了“桌面工作室”这样的新词。在筹集研发资金、招募工作人员等方面，不断涌现出众筹和众包等通过网络有效运用群众（crowd）力量的方法。

很快会出现有效整合这些手段的新型网络平台，还会出现填补这些手段之间空隙的平台，如承包供应链、承包管理业务的平台。

网络平台将改变人们的消费行为

网络平台会给用户和普通消费者带来怎样的影响呢？正如前文所述，网络平台的终极目标是获取并有效利用用户自带的各种数据，以此发展壮大业务。从市场营销的观点来看，这一行为是明确的目标市场选择。

如果分析网络平台储存的数据，可以了解用户的基本信息及购买记录，进而推测出用户的生活方式；也可以了解有购买意向而最终未购买的记录，甚至还能了解用户发出什么样的检索请求，通过什么广告来访问网站，即出于何种兴趣访问该网站；还能了解用户在网站内的活动以及长时间浏览了哪种商品。通过社交媒体能了解用户的发言、说话风格和朋友圈，可以窥探到仅从购买行为无法了解的用户内心活动。

挖掘这些丰富的数据，把各种数据联系起来，实现了过去无法达到的高精准度的目标市场选择型营销。

用户中主动公开各种数据的人在不断增加。即使是不公开数据的用户，也可以结合他们的购买记录、网站分析以及在社交媒体上的活动记录和言论，读取出更有意义的数据。和用户之间的交流将成为一对一的行为，用户和供应商之间的关系会越来越紧密。

这种数据导向型的市场营销方式，公司可以通过分析自己的自媒体和社交媒体来实现，普通的企业也可运作。在云端和大数据时代，所有公司都必须致力于这种营销方式，可是在这方面日本企业表现出了明显的滞后性。

可以说建立在云端之上的大型网络平台是信息的垄断者。在网络平台上进行企业活动的企业被获准使用这些信息和功能。

许多企业和这些网络平台并非合作伙伴，也可以享用一部分免费的午餐。

然而，这些网络平台可以随时改变与合作企业以及与自身体系之外的企业之间的关系。对它们来说，提高数据、信息和基础设施的使用价格，将无偿提供的信息变成有偿服务都是轻而易举的事。

了解谷歌就能预测未来

人们普遍认为谷歌公司是一家“搜索引擎公司”，它的盈利模式就是前文提到过的打造了世界上最大的在线广告联盟。同时，谷歌公司也是一家以构建云计算的现实应用和未来图景为最高使命的公司。

最近，谷歌公司专心开发Nexus系列、Chromecast产品、谷歌眼镜等生活设备，并且还一直进行着无人驾驶汽车的研发，这一点前文也有所提及。谷歌公司一直在收购各种高新企业，领域涉及机器人、人工智能和无人机。谷歌公司不断地扩展业务范围。

因此，了解谷歌公司不仅能帮助我们知晓网络的本质和云计算的含义，也能指引我们思考未来科技的整体发展方向。

其实我不是为了去谷歌公司工作而从索尼公司辞职的，也并非从索尼公司辞职之后立即入职谷歌公司。我进入谷歌公司工作是在从索尼公司辞职整一年之后，即 2007 年的 4 月。

在辞职前的几年间，我负责 VAIO、Cocoon、Sugoroku 等产品的开发和业务拓展工作，取得了良好的业绩。那个时候可谓事业如日中天，但同时我越来越多地受到了公司内政治的影响。

我因敬仰井深大先生和盛田昭夫先生而进入索尼公司工作，我深爱着索尼公司，也在工作中感受到了巨大的价值，但可能是因为大型企业的通病，职位越高越容易遭到周围人的妒忌。

我负责的部门和项目曾经数次因为突然的公司结构调整和毫无征兆的人事变动而遭遇灭顶之灾。最终，我做出了一个艰难而痛苦的决定——从索尼公司辞职。这其中的经过我写进了《在谷歌所必要的事情都是索尼教给我的》(新潮文库) 一书。

辞职之后的一段时间我没有什么干劲，还曾去职介公司找工作。大约半年后，我感受到了无所事事的痛苦，于是我成立了一家 B2B 形式的咨询公司，签约了三家客户，总算是重新开始了。虽然对公司的发展感到惶恐不安，但我享受着可以根据自己的节奏来工作的环境。

正在这个时候，我接到了猎头公司的电话，问我“是否对谷歌公司感兴趣”。

我一度回绝了这个工作机会。因为不久前我还在索尼公司这一大企业中经历着痛苦，我刚刚摆脱这种束缚，所以不想再次进入大型企业工作。我也担心自己是否适合谷歌这样年轻的美国公司。

当然我并非对谷歌公司不感兴趣。相反，我在索尼公司工作期间就注意到了这个突然出现且快速成长的公司。并且我初次接触谷歌的搜索引擎时，这个像魔法箱一样的搜索平台让我大为兴奋。

我从索尼公司辞职之后立即开通了个人博客，当时我有意选择了谷歌公司的博客平台 Blogger。我在博客里刊登了关联广告（点击型报酬广告），我注意到广告内容根据上传的博客内容有相应的变化。对此我觉得很有趣，并在初期的博客中写下当时作为博主的使用感想。

不过归根结底这些都是作为外部人员的兴趣，当时我还没想过自己会成为谷歌公司的一员。

“谷歌就像曾经的索尼”

在索尼工作的最后几年里，我心中萌生的一个疑团不断变大。那就是包括索尼在内，日本企业的整体竞争力在不断下降，但像谷歌和苹果这样一些以硅谷为大本营的公司为什么能欣欣向荣。

为什么这些公司能不断推出改变人类生活方式的新产品和新服务，我想探寻其中真正的原因。

我年轻的时候就有一个强烈念头，希望自己能够成为一名活跃于世界舞台的日本人。我最初选择索尼也是因为它是源自日本的世界级企业。以创始人井深大先生和盛田昭夫先生为代表的索尼第一代领导团队，在国际舞台上奋力拼搏，同时创造了“日本制造”(Made in Janpan) 这一辉煌品牌，我非常景仰这些老前辈。

也正因如此，当看到日本的制造业和国力不断衰退的时候，我分外痛苦。

在那之后猎头公司也多次来电，在他的热情邀约下，我逐渐感到“这可能会是一次有趣的邂逅”，这一想法的产生和我心中的疑问及日益高涨的危机意识不无关系。

最终，我抱着“只是见一见面”的心态答应了会面，与我会面的是时任谷歌国际项目组理事的亚当·弗里德先生。

随着与亚当先生的交谈不断深入，我越发想要直接地了解谷歌公司成长的秘密，同时也深深感到“谷歌公司就像是曾经的索尼公司”。

从索尼辞职后，我制定了一个目标，要以自由人的身份用7年时间取得和在索尼工作的22年间的业绩相匹敌的成绩，刚刚制定了这个目标，又要再次进入大型公司，我是有些犹豫的。另外，就如我前文所述，在被称为dog year的激荡变化的网络世界中，现在的我还能否一展身手，对此我也心怀忐忑。但是我有一种强烈的愿望，希望从内部深入学习谷歌模式，由此获得一些重振日本的启发。

说实话，我当时的心情与其说是“去谷歌工作”不如说是“去谷歌留学”更为贴切。我没打算在谷歌公司长期工作，更没想过成为谷歌公司在日本的法人社长。

不仅如此，和我预想的一样，我刚进入谷歌公司就因工作繁忙而无法保障睡眠时间，我认为很快我的体力和工作热情就会消耗殆尽。当时我不知道能在谷歌公司坚持多久，认为充其量就是三四年，最多不过五年。起初买上班用的月票都是每次只买 3 个月的。

但是，这次“留学”给我带来了远远超出想象的东西。

连 Facebook 都已陈旧

“留学谷歌”期间学到的所有事情在这有限的篇幅里是说不尽的，我在其他场合也已经有所介绍。我在之前的著作中也提到过，实际上我在谷歌公司学到的东西中最精华部分都毫无保留地登载在谷歌的主页上。这就是谷歌公司的官网上登载着的“谷歌 10 大信条”，这也是谷歌公司迅速发展壮大的原因所在。

逐条深入解读这 10 大信条，可以了解硅谷的内在能量和世界规则的变化走向。

（1）以用户为中心，其他一切自然水到渠成；

（2）专心将一件事做到极致；

（3）越快越好；

（4）网络上也讲民主；

（5）信息随时随地可得；

（6）赚钱不必作恶；

（7）信息无极限；

（8）信息需求无国界；

（9）认真不在着装；

（10）追求无止境。

旧金山至硅谷一带被称为湾区，这里在整个美国都属于独特的地域。这一带几十年前还是一片溪谷地带，满是果园，现在已是世界知名 IT 企业的聚集地，而最近旧金山市内也聚集 Twitter 和被 Facebook 收购的 Instagram 等风头正劲的 IT 企业。

这些数目庞大的企业每天在生存竞争中不断地进行着更新换代。不断有新的企业崭露头角，获得巨额投资，赚取巨大的财富。

然而曾经称霸世界的企业，稍有不慎就会立即被淘汰。

就连创造诸多神话的苹果公司，在乔布斯逝世之后也是前途莫测。iPhone5 上市后销量未达预期，苹果公司的股价曾一度下跌。谷歌公司的势头更加强劲，2014 年 4 月首次股权分割后股价也持续着良好态势，已经可以称作 IT 界的老牌大企业了。

即使是 Facebook，美国国内的用户也在不断减少，可以说是风光不再了。在日本，年轻人不使用 Facebook 和用户层中老年化的情况也备受关注。

变化沉浮、风云激荡，企业结束了自己在社会中的职责就面临着出局，同时会有新的企业出现，承担起职责并占领市场，新陈代谢很活跃。不论是苹果公司还是谷歌公司，抑或是 Facebook，都置身于硅谷这速度惊人的更新换代之中，每天进行着激烈的生存角逐。

家电产业中的主角换代

同硅谷迅猛的发展速度相比，日本的更新换代非常缓慢，令人备感遗憾。

家电产业是第二次世界大战之后日本代表性的支柱产业，我曾效力的索尼公司过去也是家电业的排头兵。但如今的现实是这个位置已经被谷歌公司和苹果公司所替代。

几年前，有一个情景生动地体现了这个现象。那是发生在 2010 年 5 月的“谷歌电视”发布会上的一幕。

谷歌公司当时发布使用安卓系统的网络电视的时候，邀请了同行企业举行座谈会。有一张照片记录下当时会场的场景，并在全世界广为传播。这张照片的左起第一位坐的是谷歌公司当时的 CEO 埃里克·施密特先生，他的右侧并排坐着相关企业的最高领导。

看到这张照片，使我想到了纸牌游戏里的“大贫民”。想必大家都知道，在“大贫民”游戏的规则中，赢家会得到输家让出的最好的牌，因此赢家会越来越强，输家会越来越弱，这就是“大贫民”游戏的基本规则。

在这张照片中，坐在最左边的施密特先生就是大赢家。大赢家得到“贫民”手中最好的牌，所以他会继续赢下去。其余玩家不得不用手中的差牌进行竞争。

这张照片象征着家电产品的代表——电视机的主角宝座已经易主给了新晋势力谷歌公司。谷歌电视普及的过程中，最赚钱的当属将在线广告联盟拓展至电视产品的谷歌公司，而照片上位列其右的人只能赚取过度竞争导致的微薄利润，难以脱身。

在 20 世纪日本企业用家电产业征服世界的时代，毫无疑问坐在最左边位置的应该是以索尼为首的日本企业，而现在那里坐的却是谷歌公司和苹果公司。顺便说一个细节，拍照的时候，当时的索尼 CEO 霍华德·斯金格先生坐在右边第二个座位。

20 世纪的王者在自己尚未觉察之际，已被晚辈和新人夺去了主角的位置。

胜负已分，那么就应当思考如何利用这个结果

“不持有”也指信息的附加价值都存在于云端，即信息的附加值都留存在“彼方”，所以“此方”，也就是自己手中没有留下附加值。从某种意义上来说，这有很大的风险。

其实我在索尼公司工作的时候，为了对抗这个模式，希望将信息附加值留在“此方”。例如在家电产品里安装硬盘和闪存等本地存储工具，来连接网络和其他家电产品。我亲自参与的 Cocoon 项目，以及为了提高索尼内部部门之间的联系而开发的 Symphony Project 都是基于这个想法进行的。

然而，过了很长一段时间之后，现在看来那时的竞争早已决出胜负。抵抗云端化这个潮流已经没有任何意义了。那么就不应该悲观地看待这个问题，只有思考如何最大限度地活用云端才是上策。

不认同明治维新的士族们，在戊辰战争中灭亡了。另一些接受了武士教育的人，舍弃了武士教育，努力去适应新时代，

这些人引领了明治维新后日本的发展。

在当时，有一段颇具象征意义的轶事。据说福泽谕吉在幕府末期学习了荷兰语，这是日本当时最先进的外语。但是日本开国后他去横滨的外国人聚居地一看，那里的广告牌他一个都看不懂。原来国际上广泛使用的语言早就从荷兰语变成了英语。

福泽谕吉深受打击，翌日就开始学习英语。福泽谕吉就这样掌握了英语，积极地将欧美文化介绍到了日本，还重新定义了日本特色，成为促进新型日本文化形成的强大力量。

云端亦是如此，不要否定变化，而是在认同变化的基础上，考虑如何积极地吸收它，如何用它创造新的机会。其实对于拥有这种视角的人来说，云端时代是一个充满了前所未有的机遇的时代。

我时常会使用“探视云端的窗口”这一表达。我们手中的智能手机和平板电脑就是可以方便窥视存在于云端的无限信息的窗口。今后这个窗口可能会变成谷歌眼镜这种可穿戴设备，现在只要我们手中有一部智能手机或者一台平板电脑，就能与无限的计算机力量和连接网络的众人连成一体。

3. 世界已经连成一体

企业创建之初就要放眼全球

如今网络遍布全世界，如同一张几乎覆盖了所有人类所在之处的网。如前面所述，一个用网络联系起来的虚拟地球已经产生，它将整个地球包裹起来，与物理意义上的地球共存。在这里没有国界，几乎同一时间所有事物都能连接在一起，在这种意义上，这个虚拟地球上也没有时差。

让我们闭上双眼，想象一下自己乘着火箭飞向宇宙。想象着从宇宙的尽头看去，昏暗之中，遥远的地方赫然漂浮着蓝色的地球。那是我们人类唯一的生存之地，在那个远处的小星球上，我们过着喜怒哀乐的每一天。

现在，在世界 70 亿人口中，已经有 24 亿人口使用网络，而且这个数字还在不断增加。仅 Facebook 的使用人数就已经超过 11 亿。

如果以这样的视角从宇宙眺望地球的话，我们能够意识到，今后局限于以“国家”为单位的思维和行为模式，在某些情况下是没有意义的。

粮食问题、能源问题、全球变暖问题、环境问题等，这些我们现在要面对的问题都是仅靠一国之力无法解决的全球性难题。

初次见到谷歌地球（Google Earth）时的震撼我至今无法忘怀，进入谷歌公司后最初的感想就是谷歌人似乎立足于宇宙的某处，并从这个视角来眺望地球。

谷歌虽是美国的公司，但来自世界不同国家的员工在这里不分昼夜地工作着，这让我感到谷歌公司本身就是一个小宇宙。

谷歌的一切服务都是以“从全球角度出发”为前提的，在讨论一个新提案的时候，讨论的重点之一就是“这个想法是从全球角度出发的吗”。

我认为不仅是谷歌公司，如今日本许多企业首先也要有“从宇宙眺望地球的视角”。

现在是“创业伊始就能直接登上世界舞台”的时代

20 世纪前的商业共识是，创业之后首先以国内市场为主，当国内事业进展顺利之后再考虑下一步进入海外市场。但是现在网络发达，全世界实现了实时连接，原有的模式是否还正确呢？

无论何种买卖都有一个商业范围。将自己的买卖定位在哪里，是买卖成功的一个至关重要的因素。现在通过运用网络能够轻而易举地扩大商圈，拓展商业范围。当今时代即使是刚开始创业的个人和小公司也可以在创业伊始就进入非常广阔的舞台，开创无网络时代里很难想象的宏大事业。

在这个时代里，企业如果还遵循“先在日本取得成功，之后再走向世界”的发展顺序，反而会错失商机。应该像谷歌那样从一开始就有全球视野，并用这样的理念、手段和体系结构来开创事业。

日本国内市场坐拥 1.2 亿人口，非常庞大。但是反过来说，以使用日语和日元的日本人为目标的公司，它的企业活动范围上限也只有 1.2 亿人。从 70 亿世界人口、24 亿网民、11 亿 Facebook 用户来看，1.2 亿是非常小的数字。

当然“知易行难”，通过网络走向世界，并迅速获得大量顾客，横亘于国界和语言障碍上的问题和困难数不胜数。但是意识到“网络的外部性”，从一开始就立足于全球视野并以此来构建商业模式，会使企业在将来的发展中逐渐显现出巨大差别。

相反，如果逐个进入各个国家的市场，并因此掌握了跨越诸多障碍的诀窍，这些诀窍反而会成为阻碍开发新市场的壁垒。

希望今后创业的人们从创业之初就要秉持“从宇宙眺望地球的视角”，以“在企业运作之初就放眼世界”为前提。

东京晴空塔是另一个日本“大和号”战舰吗

2012 年 5 月 22 日，新的东京地标式建筑东京晴空塔开业。晴空塔在开业前就被媒体连日报道，持续着节日般的热闹景象。截至 2014 年 5 月开业两周年，来晴空塔商圈观光的游客达到 8900 万人次，让人惊叹。它也给这个地区带来非常喜人的经济效应。

人们熟知的晴空塔的“中心柱”构造，融合了日本传统技术和最先进技术的精髓建造而成，是非常优秀的建筑物。

我并非是要泼冷水，虽然有年代的差异，但是我初次见到东京晴空塔的时候联想到了“大和号”战舰。

20 世纪中叶，世界各国的军事实力取决于强大的海上战舰数量，也就是所谓的“巨舰大炮主义”。正因为如此，第一次世界大战后的 1921 年召开的华盛顿会议和 1930 年的伦敦会议上，为了缩减军队限制了各国持有海上战舰的数量。

然而在第二次世界大战中，比起海上战舰的优劣，依靠飞机的空中作战成了战争胜败的决定因素。所以兵力的重点不是战舰，而是变成了可以运输大量飞机、支持战斗机起飞和着陆的航空母舰。

尽管如此，为了使日本起死回生，日本当时建造了世界上最大型的战舰“大和号”和“武藏号”。然而“大和号”最后在对冲绳的特攻中受到了美国战斗机的集中轰炸，和舰上的大多数士兵一起沉入海底，“武藏号”也在莱特湾被击沉。

东京晴空塔是发送广播电视信号的电波塔。电波塔是 20 世纪初科学的产物，但现在是网络时代。在硅谷经常使用一个词语“掐线”（cord cut），即退订有线电视的人越来越多。看电视的人在不断减少。世界各国在争相建设数据中心，在这个时候日本却致力于建设用于发射广播电视信号的巨型电波塔，坦率地讲我觉得有些不协调。

大约 1997 年的时候，有人提议建设一个代替东京塔发射数字信号的新电波塔。谷歌公司成立于 1998 年。几乎同一时间段，日本正在建设东京晴空塔这一局域电波塔时，美国产生了谷歌这样大型的高新企业并席卷全世界。

每当看到东京晴空塔时我就会想起“大和号”战舰，我这样想可能有些奇怪。但是在我看来这个塔就像是代表了难以舍弃陈旧理念和过往成功经验的日本人。从“大和号”战舰的时代至今已过去70年，可我仍痛感到日本人的精神构造仍未有大的改变。

现在正是要打消在过去的经历之上思考和行动的倾向，果断取舍、发挥能量、创造未来的时机。

4. 为了推广日本也要“丢掉过去”

日本迎来第三次变革的机遇

曾经日本引以为豪的世界领先的人均 GDP 排名在 2013 年的统计中退到了第 24 位。GDP 总量也被中国超越，位居世界第三。日本 GDP 在全球所占份额逐年降低。以前有不少日本企业因股票市值进入世界前列，但如今没有一家日企能跻身全球市值前 30 名。丰田汽车位列 33 位勉强上榜（数据截至 2014 年 4 月）。

更严峻的是，2011 年日本时隔 31 年再次成为贸易赤字国家。虽说“3 · 11 东日本大地震”和泰国水灾对此有影响，但这给许多日本民众所造成的冲击至今仍记忆犹新。

被傅高义先生所称的“日本第一”（“JAPAN AS NO.1”）的时代，何时变成了这般模样？

在近代史上，日本这个国家出色地完成了两次将国家改头换面的伟大壮举，分别是明治维新和第二次世界大战后新民主国家的建设。原本日本是很擅长“舍弃”和“重新开始”的。

过去的两次成功经验分别有“黑船事件”和“战败”这样的契机。这些事件也是警钟，由此创造出了崭新的日本。

这样说来，我们应该把发生于 2011 年 3 月 11 日的“3 · 11 东日本大地震”当作一次新的警钟。绝对不能让这次造成约 2 万人遇难和失踪的悲剧就此湮没。并且这次地震诱发了核安全事故，日本核能源行政体制和东京电力的不负责任由此暴露在公众面前。

正是现在，此时此刻，我们要努力建设崭新的日本。亲自收集信息，绝不人云亦云，负责任地拿出应有的行动。可以想象大家的行动会逐渐显现出效果。

我的朋友中也有人在地震之后从大公司辞职，将家人留在东京而自己独自一人移居仙台，致力于支援日本东北地区振兴的活动。

我认为现在的日本人和日本这个国家，迎来了重新审视个人的生活方式，进而重新思考国家定位的转折期。

“加拉帕戈斯现象”[一]有何不妥

近几年，出现了一种说法叫作“加拉帕戈斯化的日本”。这一表达用来嘲讽只用于日本国内的独门技术和独特文化。

其实即便不用“加拉帕戈斯”一词来形容，日本原本也是一个在江户时代长期闭关锁国，断绝与外界的交流，喜欢夸耀自己内部繁荣的国家。

[一] 在距离南美大陆约 1000 公里的地方，有一个火山岛群，名字叫“加拉帕戈斯”群岛，这个岛群被人称作“独特的活的生物进化博物馆和陈列室”。现如今，一些产业的发展状况也用这个群岛的名字来命名，被称作“加拉帕戈斯现象”。“加拉帕戈斯现象”主要是指某个产业或者产品只在某国国内占有较大市场份额，并尽量排挤其他同类产品的市场份额，形成的一种孤立市场的情景。——译者注

反言之，日本即使不借助他国的力量，也能凭自己的创意、技术和生产能力实现“加拉帕戈斯化”。

i-mode[㊀]于 1999 年进入人们的视线，但当时能够通过手机实现移动上网的国家只有日本，在那之后日本的手机文化独自完成了表情符号（emoji）、红外线通信、1 seg[㊁]、手机钱包等进化，在使用模式和商业模式方面领先世界一枝独秀。

然而遗憾的是，如此先进的技术和使用模式却未成为世界标准。究其原因，是因为面对国际市场时的沟通能力欠佳，既缺乏鼓动人心的企划，也不擅长谈判。

日本人的企划能力其实并不弱。AKB 女团在年轻人中的超高人气，靠的就是秋元康先生高超的企划能力。

AKB 女团在海外，如上海和雅加达也展开了演艺活动，卓越的企划能力将日本的创意和商业模式顺利地推向世界，这一点至关重要。

将加拉帕戈斯现象之下的日本标准升华至全球标准，这不

㊀ i-mode 是 NTT DoCoMo 于 1999 年推出的移动上网服务，在 2006 年创下 4500 万合约用户的纪录，曾是全世界最成功的移动上网模式。最大的改变在于计费模式，将原本以时间为主的计费方式，改变成为以封包（下载量）为单位，如此可以大幅降低使用者的上网费用，加速普及的速度。——译者注

㊁ 1 seg 是地面数字面向移动设备提供的电视播放方式。2006 年 4 月 1 日正式在日本开始播放。原本在技术上称为 1segment，地面数字播放推进协会于 2005 年 9 月将其定名为 1seg。——译者注

仅带给日本更多机会，对世界上其他国家来说也是件好事。日本人应该坚信这一点，并进一步锻炼“日本人的国际企划能力”。

抱着“想为日本做些贡献”的心态创业

“觉醒的人只能奋力奔跑”——这是我在索尼学到的，并且努力将其贯穿于我的人生中。如果只是鼓吹“进一步锻炼日本人的国际企划能力”，那只是没有责任感的评论家的说辞。

从谷歌公司辞职后，我自主创业，成立了“ALEX株式会社”。创立这家公司，正是我个人对于“针对日本国际地位不高这一情况该怎么办”这个问题的回应。

以下是公司成立的宗旨：

> 日本曾经在高速发展时期在制造业领域占据了全球领先的地位，但在那之后陷入了长期的停滞状态，进入互联网时代之后国际地位更是一路走低。对此我们感到深切的忧虑，希望在国际上大力推广日本优秀的人才、创意、理念、

> 设计、技术、产品、文化及生活习惯，我们的终极目标是让日本重新成为一个为全世界做出贡献的优秀国家，我们为了追求这一目标而创业。
>
> 我们迎来了互联网时代，在这个时代我们从科技中受益，进入世界市场变得更容易，我们要将互联网进行最大限度的利用，不仅局限于国内市场，要构建放眼国际市场的商务平台。在此基础上，积极发掘推动产业更新换代的人才，并将根植于日本的杰出产品向全球推广。
>
> 作为以上努力的结果，我们要为日本综合国力的提升和日本国民生活文化的发展做贡献，同时向其他国家介绍日本的优秀人才和杰出产品，以此推动其他国家的繁荣发展。

“想为日本做些贡献”“想让日本重新为世界做出贡献”，我出于以上的想法创办了这家公司，挑战自己，希望实现“建立源于日本的 21 世纪全新模式的跨国企业”这一梦想。

我希望自己成为让日本走向世界的平台，基于这一理念我在各种探索中确立了现在的商业模式。我现在主要致力于将主营跨国电商业务的 ALEXCIOUS 公司和主营众筹业务的 COUNTDOWN 公司发展壮大。

创业的时候我提出了包含销售业务（ATOM）、内容发布业务（BIT）、新型网络经济圈（CLOUD/CROWD）的ABC战略，其中开发了A和C两个平台，在向世界推广日本的这一目标下艰苦卓绝地奋斗着。

ALEX CIOUS现在还是一个小公司，集合着我精挑细选出的精兵强将，员工们每天都士气高昂，应对每日繁重的工作。

当然，不可能一切都按照最初的计划顺利进行，曲折前行也是意料之中的事，因为创业就是这样。人也因此变得谦虚、用心，变得富有创造力，为了目标竭尽全力。活着亦是如此，这就是人生。

然而有些人不适合创业，一旦事情脱离他预想的方向，他会十分不安，举步不前，很快就会掉队。相反，如果无论发生什么事情都毫不动摇，勤于思考，以轻快的步伐、强大的耐力不断采取措施向前进，这样的话无论身陷什么样的瓶颈里都能抽身而出。

适合创业的人就是这样。无论发生什么事情，只要能继续高度保持自己的积极性，就无所畏惧了。

出口型电商网站 ALEXCIOUS

刚才提到的第一家公司属于 ABC 战略里的 A，是出口型电商企业。以“Discover the Beauty of Japan”这一企业理念向世界发送日本的信息，销售日本商品。

我们小而精的团队每天致力于发掘那些制造出杰出产品，却还籍籍无名的工匠、设计师和企业。

我过去一直有一个假设，认为日本有很多可以享誉世界的产品，但是这些数量庞大的产品还“养在深闺人未识”，并未被全世界知晓。

在 20 世纪，特别是在家电、汽车等工业产品领域，日本成功地构建了“日本制造”这一名冠全球的超级品牌。但是在食品、时装、工艺品、日用杂货、出版物、电影等所谓的“生活文化产业领域”，有很多中小企业、小微企业和私人作坊，它们虽然生产出很多优秀的产品，但是从未登上过世界舞台。

比如说到玻璃工艺品，法国的“巴卡拉”（Baccara）是国际知名品牌，但是日本的“江户切子”等玻璃工艺品就没有出现在世界舞台上。红酒是全世界都在生产饮用的酿造酒，但“日本酒”还远没有到这种程度。

日本的生活文化产业领域中产生的优秀产品明明有很大的

被世界接受的空间，但迟迟得不到推广。

在推广方面也要最大限度地发挥云端的力量。借助被众人解放的无限的计算能量和由网络连接在一起的众人的力量，即使是在日本人不擅长的全球企划和宣传领域，也能够取得巨大进展。

把日本生活文化产业和街道工厂的技术推广到全世界

开始了这项工作之后，我更加坚定了之前的假设——“日本有很多可以享誉世界的商品，但是这些商品还大都养在深闺人未识”。

这方面的例子不胜枚举，我简单介绍两三个。

富山县高冈市有一家名为“能作”的公司。该公司拥有着在高冈市流传了400多年的铸造技术，致力于佛教用具、茶道具以及插花器皿的制造。铸造技术是将高温熔化的金属倒入模子里铸造成型，做成器物，需要非常娴熟的技艺。

能作公司的现任社长能作克治先生灵活运用这项传统技术，成功地用纯度为100%的锡铸造出了器具。

锡的质地非常柔软，很难用于铸造和加工，但是能作克治先生注意到锡制品能够轻易弯曲这一特性，运用逆向思维，创造性地铸造出了具有柔美曲度的锡制品，并接受订购。

在长达 400 余年的铸造历史中，没有一个人挑战过用 100% 纯度的锡来铸造器具，能作先生的创新精神使他获得了成功。

目前高冈市的铸造业处于不断衰退的状态，为了生存工厂迫切需要拿出新方案。能作先生的创新正是在这一紧要关头的一个壮举。现在能作先生在高冈市传统产业青年会中已成为年轻人的榜样。

眼镜的知名产地福井县鲭江市有一家名为“山口工艺社”的公司，这里最初经营越前漆器的木胎生意，现任社长市桥人士先生着眼于涂漆之前的木胎上美丽的天然纹理，由此生产出“Hacoa”品牌的原木工艺品，产品现已面世且销量不俗。

市桥先生身兼经营者、匠人和设计师三职，他对产品近乎完美的追求配合他的创新精神，源源不断地创造出了很多温暖人心、引人关注的产品。

最近和我见面的人当中，神奈川县茅崎市“由纪精密”公司的大坪正人先生是一位非常出色的人才。他是螺丝工厂的第三代继承人，从大学时代就展现出优秀的才能，在金属模具制作公司工作了一段时候后返乡继承家业。如今该公司的产品既有手表的精密零件，也有飞机和人造卫星的零件，目前正在积极开展海外业务。街道工厂中也有如此杰出的人才，这让我深深感受到日本的实力。

除此之外，我见到了许许多多进行着富有独创性事业的优秀人才，得到了很多合作企业的支持。无论是传统产业还是街道工厂，并不能仅仅停留在守护传统这一层面，要守护该守护的，舍弃掉该舍弃的，勇于创新，才能存活下去。

ALEXCIOUS 公司的业务尚在始创期，截至目前有 200 个国家和地区的人点击我们的网页，40 多个国家的消费者购买了我们的商品。我希望今后能和日本全国的挑战者精诚合作，将 ALEXCIOUS 公司的平台发展成连接世界的舞台。

5. “希望出现出头鸟”

曾经包容性很强的索尼

“枪打出头鸟”是人们常说的一句话，这句话深刻地体现了日本的精神特质。

我出于对井深先生和盛田先生的景仰，1984

年非常荣幸地进入索尼公司工作。当时，索尼的每一位员工或多或少都是怀着对井深先生和盛田先生两位创始人的敬意选择加入索尼公司的。那一时期两位创始人还都活跃在工作岗位上，整个索尼公司也充满生气和活力。

我记得和我同期进入公司的新员工大约有 700 人。在井深先生写的索尼公司的创办宗旨书中有这样一句话："员工都要经过严格选拔，公司的人员要少而精，避免形式上的职场等级制，公司内以实力说话，在尊重个人人格的基础上，最大限度地发挥个人技能。"

我在上一本书中也提到过，公司的创办宗旨书中强调少数精英做派，可是一举录用 700 名新员工，对于这一点，我总觉得有些异样。于是在新员工培训的问答环节，记得我向人事部的培训主管提问："现在公司的录取方针和经营理念不是互相矛盾的吗？"事后回想起来，我就是作为这种大量录用的新员工中的一员才被公司录取的，能提出这样的问题，也是够让人难为情的。

回想起我刚进公司的时候，既不懂礼数，也不怎么招人喜欢。我还能立足，正是因为那时候索尼是一家非常重视"出头鸟"的富有包容性的公司。

在科长晋升考核时曾发生这样一件事。每个人都要就自己职务上的课题做一个演讲，限时5分钟。但是，我当时没太把时间限制放在心上，即使超过了规定的5分钟，还在滔滔不绝地继续着自己的演讲。

于是，其中级别最高的一位面试官突然拍着桌子愤怒地说："你打算说到什么时候！"其实这时只要直接道歉认错就可以了，我却反驳说："这明明是选拔索尼的领导干部的重要场合，每个人只给5分钟时间也太短了。"那位面试官听到我这么说，情绪更加激动，怒吼道："滚出去！"最后，我被从面试的会场赶了出来。

当我觉得晋升无望，已经放弃的时候，多亏了人事部长从中斡旋，最后我也顺利晋升。那时候的索尼是一家富有包容性的大公司。

我深爱着胸怀宽广的索尼公司，因此一直拼命工作。在VAIO时代，我带领"世界上最无聊且最不赚钱"的台式个人电脑业务取得了成功。在我负责家庭视频设备的时候，团队在有限的时间里，研发出了"超级录"这一广受欢迎的视频设备并投放市场，成功挽回了索尼的颜面。

但是另一方面，对于"出头鸟"来说，越是

完成一些困难的工作越会招来周围人的嫉妒，慢慢地周围环境越来越严峻。拼命地工作，取得各种成果，我却因此被逼到了困境之中。最后，我毅然决定离开深爱的索尼公司。这种事在大公司很常见，绝不仅仅是我自己一个人的经历。只不过从前的索尼是个例外，而现在索尼成了一家寻常的公司而已。但是如果枪打出头鸟的组织和社会，等于“难以挑战的组织和社会”的话，就必须做出改变。我们必须要为能够培养出更多的出头鸟创造良好的环境，从前的索尼公司正是这样做的。

众筹就是大家共同支持挑战者

虽说近年来日本的状况并不太好，但是坚信自己的想法、技术和洞察力，立志于挑战世界的创新者应该也为数不少。如果我们不能支持这些“出头鸟”的挑战，日本的未来就会变得岌岌可危。

抱着这样的想法，我于 2012 年 9 月开创了第二项事业，是一家名叫 COUNTDOWN 的众筹平台公司。

说到众筹，可能还并未为大家所熟知。众筹是最近才出现的一种全新的募资方式，指筹措产品研发和电影制作等项目所需的资金，通过网络向不特定的人群进行募资。

这是从大众手中筹集资金的一种募资方式。日语中大众和云的发音相同，很容易混淆，但意思完全不同。

众筹有募捐型、投资融资型、买入型等各种类型，2009 年 4 月兴起于美国的 Kickstarter 作为一种购入型的众筹平台，在短时间内迅速地发展起来。

自开始运行以来，Kickstarter 应用在了包括与智能手机连接的智能手表 Pebble、游戏软件、电影制作各领域。平台上的六万多个项目，仅在 2013 年一年的时间里，筹措资金总额已经达到 500 亿日元。

像这样的众筹服务在世界各地迅速兴起，我想在日本也发起这样的活动，于是成立了 COUNTDOWN。

在日本，风险资金的流通是极少的。据最新统计，2013 年 10 月公布的一般财团法人企业风险投资中心（VEC）的统计显示，2012 年度（2012 年 4 月 ~ 2013 年 3 月）的年风险投资（VC）融资交易量为 824 笔，交易总额达到 1026 亿日元。平均每笔交易的金额约为 1.2 亿日元。

另外，美国原本就有风险投资，也有被称为

天使投资人的个人资本家存在，这使得充足的风险资金得以不断地循环。同样是 2012 年度的统计显示，美国的年度风险投资融资交易量为 3723 笔，交易总额为 267 亿美元。平均每笔交易的金额达到 720 万美元，如果按 1 美元兑换 100 日元来算的话，相当于 7.2 亿日元。美国的交易总额为日本的 26 倍，平均交易额是日本的 6 倍，两国之间存在着很大的差距。

风险资金是一种高风险、高收益的投资融资，风险资金的存在催生出了巨大的创新和挑战。

曾被苹果公司扫地出门的史蒂夫·乔布斯在进行再创业的时候，投资家罗斯·佩罗特（Ross Perot）给他投资了 2000 万美元，按现在的市场汇率来算，大约高达 20 亿日元。

谷歌也是这样，刚推出测试版的搜索引擎，红杉资本（Sequoia Capital）和凯鹏华盈（Kleiner Perkins）两家投资公司就注资 2500 万美元，约合 25 亿日元。

在日本，风险投资家和天使投资人大多都是有名无实的。虽然也存在所谓的孵化基金，但进行的多是 300 万日元或 500 万日元的小额投资。

风险投资家和天使投资人想规避风险，只对没有风险的项目进行小额投资，是无法培育出大型创新企业的。

因此，在美国像 Kickstarter 这样的众筹平台的出现，是在原本就资金充足且不断循环的风险投资环境中，增加一种新的筹资方式，以期更好地充实支持创新的大环境。在日本成立众筹，可以说是在保守的资金环境中投入了一颗石子，这和美国的情况又有所不同。

在日本，支持风险创新的这种大环境是非常脆弱的，不仅仅表现在资金方面。比如，虽说已经具备了租用办公室等的条件，但在东京租用办公室一般都需要交一定的保证金，这笔钱的数目是不容小觑的。要从辛苦募集到的钱中拿出一部分作为保证金，无法动用，这真是一种愚蠢的行为。

世界银行每年公布的各国家和地区商业环境的最新调查（Doing Business 2014）显示，在被调查的 189 个国家和地区中，日本的综合排名是第 27 位，在“创业的难易度”这项调查中，日本排在第 120 位。我自己也创办过公司，所以曾经切身地体会到过这种现实环境。

日本人原本对挑战这件事就是过于保守的。这样既培养不出创业人才，也得不到高收益。

我成立众筹项目并不断将其发展壮大，就是希望以此推动日本的投资环境变得更加积极。另外，不要打击创新者，必须创造出一种积极地给予他们援助的环境。

我们可以感受到每一个普通人都拿出一点钱来提供援助的这种众筹方式蕴藏着无限的可能性。日本人行事低调，即使他们自己没有亲自挑战的勇气，但想要支持挑战者的也一定大有人在。

我们期待越来越多的人了解到支援挑战者的重要性，由此改善目前日本银行和风险投资过于保守的这一大环境。

立足日本面向世界发起挑战，如果这样的挑战者越来越多，整个社会就会像硅谷一样加速新陈代谢、淘汰更新。新陈代谢原意是指新的细胞替代衰败的细胞，是维持生命的重要活动。

通过这种新陈代谢，不但可以增强个人的国际竞争力，同时也能增加日本复兴的可能性。

将志趣相同的人的援助转化成资金

我在前面也提到过，众筹有募捐型、投资融资型、买入型等各种类型，但在 COUNTDOWN 中，采用的是不全宁无形式的买入型。

身为挑战者的筹资人决定募资期限，并且一开始就设定好想要筹措的目标金额。如果在规定期限内募集到超过目标金额的资金，扣除手续费后的全部资金都将交付给筹资人。相反，如果募集的资金未达到目标金额，那就意味着筹资失败，所募集到的资金都会返还给出资者，筹资人是得不到一分钱的。

COUNTDOWN 在全日本招募想要挑战世界的各个领域的挑战者。挑战者将自己的挑战目标和项目的具体内容通过视频等在网站上进行演示说明，并设定募资金额以及相应的回报。如果有人认同该项目的宗旨，或是觉得回报很可观，就会以购买回报的形式提供资金，以此来援助作为挑战者的筹资人。总的来说就是这样一种流程。

COUNTDOWN 刚开始运行不久，就成功促成了第一项众筹融资，这是由“明和电机”的土佐信道发布的项目。“明和电机”是一个在自制乐器和演奏方面非常有名的表演团体。该项目叫作“创意素描——向世界全面开放的图书馆”。虽然“明和电机”是个在国内外都拥有无数拥趸的演出团体，但实际上众筹能否成功和筹资人的名气并无直接关系。

例如，池田君江发布了名为“自由心灵”的挑战项目，旨在创立一个网站，该网站可以检索到坐轮椅的人也能自由出入的无障碍店铺的信息；大沼伸治成立了名为“把温泉变为共享工作空间（coworking space）”的挑战项目。他们都是没有名气的普通人，但通过赞同他们挑战宗旨的人们的帮助，都顺利地募集到了高于目标金额的资金。池田在挑战成功后设立了门户网站，为了扩展事业，又成立了 NPO 法人组织，事业规模不断扩大。

我们希望能将 COUNTDOWN 打造成以挑战项目的质量和魅力来定胜负的平台。我们希望创造这样一种良性循环：COUNTDOWN 这个平台为全日本想要挑战世界的高质量创新项目募集资金，众筹资金项目结出的成果由所有出资者共享，并回馈社会。

混乱的时代才蕴藏着机遇

从 20 世纪进入到 21 世纪已有一段时间。在这一时期，不止日本，整个世界都深陷在混乱之中。从宏观角度来讲，由于互联网、云端、社交软件的出现，20 世纪的秩序和常识进入了重组的局面。但是因为 21 世纪的新的秩序和常识还没有找到现实的落脚点，所以整个社会处于一种混乱的状态。

比如，我们所说的“公司”这个概念和结构出现于16 ~ 17世纪，但是现在我们构筑常识的框架在不断发生着巨大的变化。随着互联网技术的不断发展，谷歌、亚马逊、Facebook等大型平台运营商问世，并迅速在日常生活以及企业的市场营销方面拥有巨大的影响力。

另外，现在这个时代，每个人都能以低廉的价格使用威力无穷的计算机，因此个体的力量大大增强，越来越多的人希望拥有自由的生活。由此我们对所属的组织及地域社会的依赖程度、连接方式等各方面都发生了很大的变化。前文中我曾提到过，互联网世界里产生了另一个无国界的地球，因而“云端的实时性”变得至关重要。我们现在生活在这样的一个时代中：任何事情都会在瞬间传遍整个世界，不断平准化，在没有网络的时代里与己无关的事，现在也变成了自己的事。维基解密这种互联网时代的新产物，并不能简单地用“好”或“坏”来评价。即使是大家所熟知的谷歌，也时常引发著作权、个人隐私等引人热议的问题，但同时它已成为我们生活中不可或缺的存在。由此可见，世界的秩序和常识不断发生巨大变化，其中蕴藏着无限的机遇。

以前，有些日本式的常识或日本式的做法常被视为异端，频遭冷遇。其实里面有许多优秀的东西，如果能够升华为新的全球标准、世界范围的常识，这也将是日本对全世界的贡献。

在这样的时代中，如果不作出头鸟，不敢挑战是非常可惜的。

历史上也有过数次这样的时期。例如明治维新以后和太平洋战争结束以后的时期。当时日本出现了很多“出头鸟”，他们从零开始，创造了新时代的秩序和活力，并向世界发起挑战。

前文提到过的索尼公司的创办宗旨书中有一句很有名的话：“要建立一个自由豁达、轻松愉快的理想型工厂，以充分发挥勤勉认真的技术人员的技能。”

当时索尼公司的众多出头鸟都愿意“出头”竞争，勇于向世界挑战。同时整个日本也都有着与索尼公司一样勇为人先的气氛。

索尼公司的创办宗旨书虽然是 60 多年前写的，但它的内容到现在来看也十分新颖，和前面提到过的谷歌公司的 10 大信条也有共通的精神。

在 COUNTDOWN 平台上，名为“挑战”的公开募集项目的网页上特意将“寻找出头鸟”这句话放大显示，这是以前索尼公司的创始人盛田先生在招募人才时所使用过的口号。

我们希望能发现更多的出头鸟，并且愿意帮助他们在世界上的各个领域里有所作为。日积月累，只要在这之中出现典型的大获成功事例，日本也一定能逐渐改变现在这种追求安稳的保守的民族特质，形成积极挑战新事物的新体制。

我希望以此为目标，将 COUNTDOWN 的挑战项目不断发展下去。

成功体験はいらない

|第2章|

提升速度的必要条件

2

1. 跃跃欲试的劲头

21 世纪的行动指南

在上一章我也提到过，由于互联网、云端、社交软件的出现，现在我们所面临的是“20 世纪的秩序和常识”进行重组的局面。另外，对于“21 世纪的秩序和常识”，很多个人和企业都十分苦恼，在黑暗中不断摸索，到现在还没有找到现实的落脚点，所以有时会显得很混乱。

在互联网出现后，我也一直在思考，互联网和云端的本质到底是什么。互联网使以往的成功模式成为历史，让世界的结构发生翻天覆地的变化，那么互联网的本质到底是什么呢？并且我们应该如何应对呢？我坚信考虑清楚这些问题后得出的答案，将是我们今后行动的指南。

我在创办现在的公司时，将自己关于“21世纪的企业”“21世纪的经营方式和工作方式”方面的想法总结成了公司的行动指南，有以下10条：

（1）最初就着眼于国际市场；

（2）加快推进日本经济的优胜劣汰；

（3）不断刷新企业的经营方式、企业文化和商业习惯；

（4）员工少而精，重视伙伴关系；

（5）积极发挥群众的智慧；

（6）不走20世纪的老路；

（7）敢于质疑常识；

（8）高瞻远瞩、行事敏捷；

（9）关注人本身；

（10）天真烂漫。

我在创立公司时，起草了公司的创办宗旨书和以上10条行动指南，可以说也是对我自己的一种告诫。基于我在索尼和谷歌的工作经历，我总结了今后自己以及公司活动的基本方针。我把这份行动指南贴在公司的各处墙面上，员工每天工作时都能看到。

在充满机遇的时代里要坚持“天真烂漫”

这 10 条行动指南每条都很重要，只是很多人觉得，将最后一条“天真烂漫”作为公司的行动指南甚是罕见，因此我稍做解释。

每次思考互联网、云端、社交软件的本质，除了感觉到有危机感，还有一种让人感到兴奋的跃跃欲试的想法涌上心头。互联网时代对于那些难以从旧的模式中摆脱出来的日本企业，可能是一种威胁，但同时这也是一个前所未有的充满机遇的时代。

如果有智能手机和笔记本电脑，无论在哪里我们都能获取世界各地的庞大资讯，能和所有人进行实时交流。通过使用 Facebook 等社交网络（SNS），我们能和过去没有交集的人取得联系，并且所有这些并不会花费什么成本。

整个世界通过互联网展现在每一个人的眼前。打开“窥探云端的天窗”，使用谷歌街景、谷歌地球等软件，我们可以尽情地探索世界上的每一个地方，这不就是哆啦 A 梦的任意门吗？

在十几、二十几年前，没有人能够预想到这样的时代的到来。互联网在转眼之间就深入到了世界的每一个角落，现在已经成了我们工作和生活中不可或缺的东西。

可想而知，今后的十年应该会比这十年发生更大的变化。十年后，我们工作和生活的方式可能会发生巨大的转变，现在很多从事工作的人可能会被计算机和机器人取代，与此同时也许会出现一些新的就业机会。

整个世界都在不断地发生着变化。我们身处这扣人心弦、充满变化的时代中，确实是件让人兴奋的事情。现在许多年轻人热衷互联网和数码产品，我们应该重视他们的奇思妙想和与众不同的行为模式，并且努力保持自己的那份天真和烂漫。

硅谷的“朝气”

实际上，在硅谷生活和工作的人都非常积极开朗。他们不拘泥于上下等级和面子，都在做自己想做的事情。在这样的大环境下，各种高科技公司在这里成立、发展或倒闭，新陈代谢、优胜劣汰在这里不断持续着。

我在谷歌公司工作了三年多，工作非常繁忙，感觉没有什么休息日。经常连续好几天从清晨工作到深夜，晚上也只能小睡一会儿后继续工作，那段时间，我一直持续着这样的生活。

然而这种情况并非我独有，谷歌公司的大多数员工都是这样的，非常忙碌，有做不完的工作。虽然如此，办公室的氛围还是很轻松愉快的，大家都非常享受自己的工作。

我刚进公司的时候，会向周围的人请教各种问题，或是提出建议。大家都不厌其烦地耐心为我解答，帮我进行调查。虽然每个人都非常忙碌，但对于我打断他们的工作，他们不但不觉得麻烦，反而很迅速积极地给予我回应，这让我有一种很新鲜的感觉。

在谷歌公司，如果有人提出了很有意思的提案，大家会就这个提案不断讨论、推进，甚至让人担心是不是太轻率了。这让我想起了索尼公司过去那种自由愉快的、顺畅的工作节奏。比起说一些消极话的人，这里更多的是提出有建设性意见的人。

“把无趣的世界变得有趣”

这是高杉晋作逝世后，留给我们的很有名的一句话。

无论在哪个时代，能否度过一个有趣的人生都取决于我们自己的内心。正是因为生活在这样一个充满变化的时代，我们才应该用一颗天真烂漫的心挑战各种新鲜事物，坚持让自己活得有趣。

在本章里，我想把我在索尼和谷歌学到的东西，加上现在我在公司中面临的各种挑战，一起分享给大家。

不管任何事情，如果我们不尝试去做的话永远不知道结果。通过自己创办公司，我想不断探究新时代的企业应有的状态。

如果我和大家分享的这些人生经验，能赋予你们采取新行动的勇气，那将会是我莫大的荣幸。

2. “巧迟”不如“拙速”

“亲身实践”的重要性

在互联网时代来临之后，很多事情都发生了变化，变化最大的又是什么呢？可以说变化最大的就是“速度”。

我在公司行动指南的第 8 条中写下“高瞻远

瞩、行事敏捷”，进入互联网时代后，速度变得越来越重要。现在只要有一部智能手机，无论在哪里都可以实现零时差的相互联系。能否充分运用“云端的实时性”决定了所有事情的成败。

我在谷歌工作时发生的一件事让我切身感受到硅谷的速度。

2007 年 4 月，我刚进入谷歌工作的第一周，当时谷歌的 CEO 埃里克·施密特偕同因研发安卓操作系统而名声大噪的安迪·鲁宾来日本访问。

当时施密特在日本的停留时间只有 20 个小时左右，虽然时间很短，但还是全身心投入到紧凑的工作安排之中。

在管理层会议上，大家就谷歌日本市场的现状和问题进行了回顾与讨论，会上施密特接连不断地提出一个个尖锐而精准的问题，旨在利用有限的时间把握日本市场现有问题的实质。

但是，令人印象最为深刻的是施密特匆忙离开东京办公室之后的事。据说他的下一个访问地是北京，在乘车去成田机场的路上，他还亲自整理并提交了详细的日本出差报告。施密特还没到北京，美国总公司已经按照他的指示发来了各种征询、确认的邮件。他确实展露出了一位专业经营者应有的形象。就这一点而言，日本那些大企业的平庸经营者恐怕已经完全没有胜算了。

施密特作为一名CEO，不仅具有开阔的经营视野，能进行经营方针、战略的制定，还很擅长把握市场行情和市场走向，确实是亲身实践、亲力亲为的典范。

众所周知，谷歌的创始人是拉里·佩奇和谢尔盖·布林，谷歌成立之初发展十分迅速，当时作为一名专业的经营者进入谷歌工作的施密特可以说是功不可没。但是即使是有如此成就的施密特，他后来也坦承："我最大的失败是没有预想到社交网络会如此繁荣兴盛。"

互联网的世界绝对不是单凭道听途说就能了解的。如果你想要了解清楚，就必须自己投身其中。在日本的企业中，如果你在公司的职务不断提升，慢慢就会与实践脱节，但在互联网时代，坚持亲自投身实践又是尤为重要的。

"在运营过程中不断完善"的构想

在这个经济高速发展的时代，日本企业生产出了很多世界第一的高品质、高性能的工业产品，世界闻名，树立了光辉的日本制造的品牌形象。

是什么支撑着这些高品质、高性能的产品？既有严格的品质管理系统，也有以“精益求精”精神为代表的，在生产第一线上日本人朴实、坚韧的生产能力。

工业产品上市前会进行严格的质量和性能检查，因为产品上市之后一旦出现瑕疵，就要进行产品的回收、修理、以旧换新，甚至有时还要召回，这都是与企业息息相关的经营风险。

但是，我们也能发现，在批量生产工业产品的过程中产生的日本的优势，在互联网和云计算的时代反而给发展拖了后腿。也就是说，那种十分谨慎、稳妥的生产方式，和现在重视速度的互联网时代的方式有些冲突。

计算机的软件以及互联网的应用程序并不存在研发完成一说，是在不断更新的。无论是 Windows、Mac OS、iOS 还是安卓，一直在进行着版本升级，更新系统补丁。在互联网的世界里，产品只要保证一定的完成度，之后就可以在运营的过程中不断完善。

从某种意义上来说，互联网模式比起慢工出细活更注重速度，在运营中完善和提升产品。特别是在以速度制胜的互联网世界里，不做反而比做的风险要高。在研发方式上互联网模式与制造业有本质的区别，以量产为主的硬件制造产业一旦失败会损失惨重。

为了和 iPod、iTunes 相抗衡

我在索尼负责的最后一项工作是 Connect Company[⊖]，这项工作涉及许多方面，我强烈地意识到必须培养一种与传统家电业迥异的互联网家电的制造文化。

不同于随身听拥有超高人气的时代，在移动音乐商业领域，苹果的 iPod 和 iTunes 上市宣告了仅凭单一播放设备来评价产品时代的终结。现在是依靠个人电脑上的多媒体播放器和互联网实现连接的生态系统，这个系统的操作便捷性决定了产品的成败。

iPod 之所以得到用户的支持和喜爱，并不是因为作为单独的播放设备它有多出色，而是因为 iTunes 商店的内容传送服务、iTunes 的多媒体播

⊖ Connect Company 是索尼公司于 2014 年 11 月设立的日美合作的新部门，主要业务是销售音乐以及相关视听硬件设备，统合了索尼公司原有的 HDD 以及 DRM 部门，兼有研发播放器等任务。该部门于 2016 年被关闭。——译者注

放器、iPod 设备这三者实现了良好的连接，构成了一个优秀的生态系统。

如果我们想要和苹果公司抗衡的话，就必须通过其他途径创造一个和苹果公司势均力敌的生态系统。

当时我们全面革新了索尼公司的内容传送服务、多媒体播放器以及硬件播放设备，着手构建能和苹果公司相抗衡的新生态系统。其中最有难度的是名为 Connect Player 的多媒体播放器的开发。开发团队分为日、美两组，目标是研发出超越 iTunes 的新多媒体播放器。当时我们面临着各种各样的问题，研发工作困难重重。

赶在新的商战来临之前，为了在有限的时间里实现产品的商品化，我们决定采取在产品运营的过程中不断提升产品的完成度的策略。把计划中的多媒体播放器的各项功能，按照优先度的顺序重新进行整理，最初的版本只要求具备最基本的功能，在版本升级的过程中分阶段解决功能强化的问题。

但是我们想尽办法，为了赶上商战而加紧商品化的 Connect Player 多媒体播放器在公司内外并没有得到很好的评价。我的本意是引入“在运营过程中不断提高完成度”这种工作方式，进而改革索尼公司互联网家电的研发模式。令人遗憾的是这一挑战以失败告终。

汇集“群众的智慧”，兼顾速度和质量

“在运营过程中不断完善”这种开发模式，和互联网时代的本质是密切相关的。也就是说，充分运用连接互联网的“群众的智慧”（wisdom of crowd），能提高开发的速度和精度。

2011年谷歌终止了“谷歌实验室”，令人十分惋惜。“谷歌实验室”是把开发中的测试版产品以实验的形式对用户公开的演练场，用户可以试用这里的测试版产品并将他们的意见直接发送给开发这些产品的人员。谷歌的研发工程师综合参考用户的反馈，对测试版产品不断进行改良。

用户会以不同于研发工程师的视角，对产品提出独到而犀利的意见。研发工程师把这些出色的建议运用到测试版的开发和改良中，迅速提升产品的完成度。除此之外，在这种模式下，还可以在早期监测出产品受到用户的支持和喜爱程度，由此来判断是否正式将该产品推向市场。

“谷歌实验室”这种做法，和以前非互联网时代“在封闭的环境中生产产品，然后投入市场”的产品制作方法完全相反，让人产生了浓厚的兴趣。

这种“汇集群众的智慧”的开发模式，在开放源代码的初期大获成功的案例是 Linux 操作系统，它揭开了一个新时代的帷幕，动摇了凭借 Windows 操作系统称霸计算机时代的微软公司的地位。从那以后，由于互联网和云端环境的发展，现在这种开放源代码模式成了很普遍的一种做法。

工业产品的品质检验一直以来都是十分重要的，而现在，软件在产品中所占的比重和重要性都在明显不断攀升。

前面提到过的特斯拉汽车的核心竞争力之一就在于拥有能控制 7000 多节锂电池的软件。

特斯拉汽车不单独进行车辆专用的大容量电池的开发，而是将既有的电池组大量集中起来使用，这种提升开发速度的想法极具合理性，但是观念比较保守的人对于这种“用计算机的电池发动汽车”的构想可能会有抵抗和拒绝的情绪。

但是 IT 界人士并不拘泥于以往制造业的思维模式，他们创造了一种崭新的汽车生产方式。特斯拉汽车公司的 CEO 埃隆·马斯克创立的 SpaceX 太空探索技术公司在研发火箭时也颠覆了已有的常识和开发模式。

大举而来却犹豫不决、铩羽而归的日本人

日本企业的速度落后于世界水平的主要原因之一是，决策制定的过程存在问题。

前文中我提到一位熟人对特斯拉汽车公司很感兴趣，咨询了录用事宜后特斯拉汽车公司迅速为他安排了面试日程。这对于硅谷的企业来说是很常见的做法，但在日本的大企业里可能是很少见的。

在日本的组织机构里阶层化是一种很常见的现象，如果进行这种不合乎体制的中途录用（雇用非应届毕业生）的面谈，可能需要部长和主管董事的批准，这需要花费很多时间。事实上如果对某家大公司突然提出想要跳槽到该公司，恐怕连面试机会都没有。公司的阶层化现象越严重，决策的速度就越慢。

另外，经常会听国外的商务人士说："为什么日本的公司会派没有决策权的人出面进行谈判呢？"不可否认即便在今时今日，日本的企业依然沿用回公司商讨后再决策的模式。

坐在谈判席和对方进行谈判的人，是代表整个公司出席的，这是毋庸置疑的。因而对方所期待的并不是“那么，我们回公司再商量一下”，而是当场速断速决。日本的谈判团队虽然人数很多，但基本不会做任何决定。

据说最近日本人频繁地访问缅甸，这可能跟缅甸的民主化动向有一定关系。但是，据说在缅甸当地也出现了这样的声音："大量的日本人到访缅甸，起初我们是非常高兴的，但是最后他们不会采取任何实际行动，所以我们现在已经不想和日本人见面了。"

最近，中国和韩国的企业都非常积极主动，会指派有决策权的人在谈判当场速断速决，不会出现日本这种留到以后再做决定的情况。日本企业不在谈判当场速断速决的这种做法，在速度上就已经输给了美国、中国和韩国的企业。

我们不禁会问，为什么会出现这样的问题呢？

正如前文所说，以前日本以世界最高品质的工业产品席卷全球。为了取得 ISO 等认证，日本企业必须从“尽最大可能避免失误”的立场出发，建立毫无漏洞的质量体系。通过实行多重检验体制，彻底降低产品的不合格率，由此日本产品获得了国际上的信用。

日本企业的这种做法间接影响了企业的组织架构模式。大多数日本企业的决策方式并不是负责人在现场做决定，而是向上级层层汇报，获得批准，最后要得到主管董事和社长的批准，才能最终做出决策，这是一种多重检验体制。可以说这种体制完全是基于品质管理体系的思路建立的。这种决策方式通过层层把关，防患于未然，避免莽撞的决策和过失。

在大批量地生产产品的制造业里，不允许出现任何失误，因而这种“未雨绸缪”的模式有一定合理性。但这和互联网业界是完全相反的，在互联网业界里不做的风险比做的风险更高，在你小心谨慎，畏首畏尾的时候，竞争对手早已跑到了前面。

领导层的速度差异是致命的

决策速度慢的原因不仅仅在于组织系统的分层构造，根本原因在于企业领导层的决策能力。

2012 年 3 月，电子制造业（EMS）的世界头号企业中国台湾的鸿海集团和夏普签署协议，进行资本和业务的合作。夏普这个日本数一数二的大公司要靠曾经的业务分包工厂，即鸿海集团来拯救，成了当时非常热门的话题。

缔结协议之后，鸿海集团总裁郭台铭每周都会乘坐私人飞机来日本，进行关于资本和业务合作方面的最终谈判。但是夏普方面完全没有跟上鸿海集团的步伐，郭台铭因此大发雷霆，威胁夏普公司说："我要收购你们整个公司！"双方的谈判陷入僵局（《日本经济新闻》2012 年 6 月 25 日报道），最终双方未能达成一致，2013 年合作被迫终止。

郭台铭是一个非常有能力的人物，通过自己的努力，他把一个小工厂打造成一个营业额高达 10 万亿日元的世界型企业。鸿海集团和夏普的合作最终告吹，虽然不能说是夏普单方面的问题，但在与鸿海集团的这次合作中，夏普确实显露出非常孱弱的一面。

如果用一句话来概括，日本企业的大多数领导人都过于职业经理人化。郭台铭急着前进，想要尽快推进合作以获取成果，这是理所应当的，但是夏普的领导层无法跟上步伐，未能及时响应，这才是导致夏普出现危机的元凶。

在公司身陷存亡危机之时，夏普的管理层把精力放到维持现状和保全自身方面，完全没有要充分利用鸿海集团的财力以及郭台铭本人来重建公司的激情和决心。

在日本的所有企业中，像软银（Soft Bank）、迅销（Fast Retailing）、乐天这样的经营者控股型企业，它们比那些已经职业经理人化的企业更善于发现机遇，整体步伐很轻快，决策也很迅速。

这些经营者控股型企业的共同点是“领导层时常露面”。由创业者带领的经营者控股型企业中，管理层的主人公意识强，善于表达。企业高管经常会出现在第一线，因而媒体的曝光率也高。

与此相反，那些从普通员工晋升上来的传统企业的高管们，没有什么个人特征，看起来都差不多。如果读一读媒体上关于他们的专访，会觉得他们不善言辞，不能给人留下深刻印象。现在日本必须要培养决策能力强、善于表达的企业高管，这样才能推动企业快速发展。

3.“全平面”管理

开会时规定座位位置毫无意义

我创办的 ALEX 公司是一个实验室，旨在研究探索新时代的创业和公司的形态。因此，我们不遵循 20 世纪的模式，反复摸索 21 世纪的管理模式是什么样的，我们想要开创一种和以往的企业完全不同的管理方式。

我认为在互联网、云端、社交网络的时代里，需要一种前所未有的全新的管理模式。我之所以会这么想，很大程度上也是受以前在谷歌公司的工作经验的影响。

我在前文中已经详细论述过传统的阶层化组织结构大大延误了公司决策。因此我们不搞无意义的阶层。换言之，就是追求一种“全平面的组织结构”。

我这里想问一个关于企业文化方面的问题：诸位工作的公司里，开会的时候，是事先安排好参会者的座位，还是大家随便坐呢？

在我的上一本书中也提到过，我在索尼公司费尽心力使 VAIO 大获成功，之后于 2001 年被调到了电视部门。

当时索尼公司的电视团队位于大崎的办公楼里（现在因为开发重建已经搬迁），这个部门是索尼公司著名的保守派，一贯自视甚高。但是，当时正值从显像管向平板过渡的时期，电视部门在业绩方面已经进入痛苦挣扎的时期，我当时真正的任务是进行电视团队的改革。

VAIO 团队的文化和谷歌公司的文化是比较接近的。无论是事业部长还是公司领导，他们要是开会迟到的话，会议室里基本就已经座无虚席了，大家不分职务高低坐在一起，进行着激烈的讨论，气氛非常热烈。

然而，在大崎的电视团队里，会议室里座位都是事先安排好的，有时还会准备桌签，如果我迟到一会儿，大家都会静静地等着。我一开始讲话，大家就纷纷埋头做笔记。在这样的氛围中，我心情沉重，同时也深刻地意识到，想要进行改革，就必须先改变这种文化。即使同属索尼一家公司，VAIO 团队和电视团队的文化完全不同，甚至感觉像别的公司一样。

关于阶层化的组织结构所带来的问题，我们前面也提到过。如果只把云端作为一种技术手段或基础设备引进来，而不将组织体系平面化，就不可能提升企业经营决策的速度。为了充分运用云端的实时性提升经营决策的速度，就必须减少组织结构中无用的阶层，尽可能将组织结构平面化、简单化。

有时员工的判断会比领导更出色

以往的阶层化的组织体系是基于这样一个基

本认识而成立的：认为科长比普通员工，部长比科长具有更高的判断能力。

在经济稳步发展的时代，通过沿用过去的成功经验，确实取得了一定的成果。因此经验丰富的领导比员工更有判断力，这种说法是有一定道理的。

但是我们已经说过多次了，现在这个时代已经完全不能沿用过去的成功经验了。甚至可以说，现在如果不舍弃以往的成功经验就会被拖后腿。

这样来看，我们所需要的是能够尽早地察觉出时代动向的能力，以及在察觉之后能迅速开展行动的能力。

比起远离一线的领导，在现场的负责人有时可能更加敏锐。另外，从舍弃成功经验的层面上来看，还未有过成功经验的员工可能在这方面更有优势。可以说，比起那些习惯了网络时代之前的工作方式的那一代大叔级的人物，从记事起就沉浸在网络里的这一代人更有优势。

即使是史蒂夫·乔布斯，他最开始虽然也会批判部下的想法，但不知从何开始，他也会把那些想法像说自己的想法一样表达出来，据说这种事情时有发生。众所周知麦金塔电脑（Macintosh）原本是杰夫·拉斯金所做的项目，也是乔布斯后来“抢”过来的。可见即使是天才乔布斯，他的想法也并非完全出自他自己。

能不能说“我来担责任，你就放心大胆地干吧”

领导者所应具备的一项重要的素质就是，能对自己团队的行为承担全部的责任。

在我们公司的会议上，大家都是站在平等的立场上进行讨论的。社长也作为其中的一员加入讨论。并且开会的时候极力避免“留到以后再讨论”这种情况，大家都努力在会议当场做出各种决策。当然对于最终决定的事项，我承担全部责任。

当员工明确表达自己的意见，阐述自己的方针，并且自主采取行动，只要领导接受他们的意见并决定实施，就会鼓励他们放手去干，责任一律由领导承担。这是我们公司的一个基本立场。

当然，有时还需要凭借经验做判断，这时领导大多会从全局的角度出发，给员工一些适当的建议。我始终认为员工会在多大程度上听取这些意见，会怎样影响最终的判断和付诸行动，完全取决于当事者本人。

至于最后的结果，肯定有好也有坏，但是可以发现，那些个性坦诚，善于听取意见的员工的进步是飞速的。那些性格傲慢，不懂得谦虚和感恩的员工，在达到一定程度之后，就会停滞不前，一直在重复犯同样的错误。

这一点其实也是前文中提到过的 10 个行动指南中的“天真烂漫”的含义，我们不能压制年轻人的新奇想法和行为模式，而应期待他们做出基于自己的感性和灵感的贡献。因此身为领导要做好思想准备，不论如何自己要负最终责任。

尽量减少会议人员

我们之前也提到过索尼公司电视部门的例子。在日本的公司里，虽然领导阶层想让员工平等地进行讨论，但公司的员工还是很拘谨，在社长和其他高管面前大多不敢说自己的真心话。这时作为领导，首先必须明确会议就是让大家开诚布公地进行讨论的场合，领导也是参与讨论的一员，要努力营造这种平等而坦诚的氛围。

如果领导做了这些努力，但员工仍然不积极发言的话，就意味着员工本身也有问题，这时领导要花时间努力引导他们，让他们说出自己的真实想法，从根本上改变员工的意识。

另外，为了开会时不跑题、不浪费时间，必须明确开会的目的，引导参会者在发言时始终意识到讨论的目的，这是非常重要的。如果不注意这一点，就会增加很多没用的发言，浪费大家的时间。

“尽可能减少开会次数，缩短开会时间”是我一直注意的事项之一，如果在日常的工作中沟通顺畅的话，自然就能减少开会的次数，缩短会议的时间。在谷歌公司，每次开会的时候，会议的主持人都会在最开始就明确会议的目的和议事安排。另外，在会议结束的时候，主持人也会督促把项目的实施时间、截止日期、相关负责人等记录在案。

同时要保证参加会议的人都是和会议相关的人员。史蒂夫·乔布斯有一个很有名的故事，他在开会的时候，如果看到有不认识的人参加会议的话，会当场确认“你是谁”，如果是和会议无关的人员就请他们离席。

写给那些苦恼“不能管理好下属”的领导

对我来说，努力建设一家 21 世纪的新型公司，是对我迄今为止学到的各种组织建设和管理知识的一种新挑战。

在索尼公司工作的时候，我也遇到过上级领导的一些不讲理的要求。在公司整体管理能力下降的过程中，我分外感受到了其中的悲哀。另外，我的做事方法有时卓有成效，有时也行不通。在谷歌公司工作的时候，我对身处美国公司的日本法人这一立场备感艰辛，同时也感受到了在外企这一组织结构中工作的局限性。

我现在所做的事情，可以说是基于过去所有经验的一种实验。我努力认真听取每一位员工的意见，修正自己工作中存在的问题，如果发现更好的方式就会采用。"在经营的过程中"不断完善自己的新公司。

从我自身的经验出发，如果说要对那些苦于公司运营管理的人们提一个建议的话，那就是要舍弃"按自己的想法控制员工"的念头。只要做到这一点，公司的运营就会变得轻松不少，也能在很大程度上减轻管理者自身的压力。应该具有这样一种姿态：上司对下属并不是下达命令，而是要站在请下属帮忙工作的立场上，对于他们所做的工作，要怀有感恩之心。

在打造 21 世纪的企业的过程中，不能沿袭以往的上传下达的模式，"平等的交流"是必不可少的。关于这一点，在下一节中我会和大家更详细地分享。

4. 云端服务加深交流

创新源于交流

很多人都觉得外企人情冷漠。比如说一提到硅谷的 IT 企业，大家可能觉得他们都是在网上进行交流。

但是美国人原本就擅长说话，也很喜欢跟人交流。在谷歌公司沟通交流能力很受重视。在招聘过程中，有一条判断标准是“应聘者的个性是否具有谷歌文化特质”。如果有人缺乏与他人进行面对面沟通交流的能力，即便他再优秀，谷歌公司也会对他敬而远之。

埃里克·施密特的经典语录中有这么一句话：“创新并非源于早晨醒来之时的灵光一现，而是产生在平时跟别人的交流过程之中。”我还在谷歌公司任职的时候，产品总负责人乔纳森·罗森伯格曾在产品经理的全体会议上说过：“总之要交流、交流、再交流，世上没有交流过度这一说。”

实际上，谷歌公司之所以能不断创造新的价值，最重要的原因是非常尊重交流。

谷歌办公室的氛围随性而平等，几乎没有人穿着西装打着领带来上班。这里所说的随性自然不仅指着装，更主要的是坦诚相见、透明度高、行动敏捷，公正地听取各方意见，不用顾忌地位、年龄、经验的差别，谁都能畅所欲言。

谷歌公司的互助文化

我感觉在谷歌公司的时候，虽然有部门和上下级之分，但是基本上大家都是通过互相合作来完成工作的。我还记得刚进入谷歌公司，在遇到困难或是不明白的问题时深深感受到了跟身边同事的“互助”文化。

比如说，我在准备一个英文的报告，有些拿不准英语表达。这种时候只要我给在线的美国同事发信息，尽管他们很忙，还有时差，也会很热心地立即看我写的文章并给我建议。我从未收到“我现在很忙，过一会儿再找我吧”这样的回复。我这样贸然加塞儿的请求他们一点都不嫌麻烦，而且会迅速而热心地帮我解决，这让我深受感动。

还有一个例子，当时有一位印度的同事跟我关系很好，他对数字出奇敏感。即便是密密麻麻有很多数字的复杂表格，他也能瞬间发现其中的错误数据。我在半夜制作电子表格时，虽然跟他不在同一个时区，也会偶尔给他发消息，请他帮我检查数据是否有错。

因此我感觉在谷歌公司有一种文化，即大家通过发挥自己的长处互帮互助，以此来提高各项产品的质量。这应该也算一种"汇集群众智慧"的互联网模式的工作方式。

云端服务的环境特别适合这种即时互助的工作模式。谷歌公司通过使用自己创建的谷歌日历、Gmail 邮箱、谷歌驱动等，形成了全体员工互助的非常高效的工作模式。

完全的信息共享能实现平面式（无上下级差异）的组织模式

上一小节说谷歌公司一直非常重视交流，每天的邮件往来量非常大。每天接收的邮件数量多到超出人能处理的范围，而且大多数都是英文的邮件。我当时就想：这样下去的话，难道我余生的大部分时间都要一直忙着处理英文邮件吗？

由于漏看重要邮件算是收信人的过错，所以

为了做到不遗漏，需要花费很大的精力。虽然我采用了邮件过滤等各种各样的方式，但是休假归来的第一天依然会有大量邮件袭来，需要花很长时间处理。

为什么会有这么多邮件呢？当然其中很多邮件都是写给我的，但更多的是抄送过来的邮件。

在谷歌公司，同一个部门或是项目组的人，只要不是特别私人的东西，原则上大家都会共享所有信息。乍一看可能觉得有些烦琐，但要想迅速实现平面式交流，这种做法是非常重要的。

“只有一部分人掌握信息，不让其他人知道”，以垄断信息来确保自己的优越性，这种陈旧思维方式及行为模式已经不适用于当今这个网络社会了。

实时而广泛地共享信息能够提升工作速度。通过把握项目整体的方向和部分的动向，明确自己在整体中所起的作用，能更好地完成工作。每个成员也能实时掌握其他成员所想之事和正在进行的工作，这样一来，大家就能够从不同的立场和角度出发，及时给出恰当的建议或帮助。

越是责任感强的人，越愿意独自承担并解决自己工作上的问题，但是在这个追求速度的时代，这不是一种值得提倡的做法。一个人在苦苦思索，暗自苦恼的时候，不知不觉一天、两天甚至一周就过去了。

如果及时和周围的人说出自己正在烦恼的问题，以及自己还未能完成的课题，就有可能在他人的帮助下解决这个问题，或是得到一些恰当的建议，由此推动整个工作的进展。

在日本的组织机构中，经常会召开只报告项目进展的会议，但是如果在平时就共享所有信息的话，就可以减少这种浪费时间的会议。

我现在的公司正在进行着信息共享、合作互助的实践。我常对员工说，遇到困难或难题时，千万不要一个人钻牛角尖，要亮起警灯，向大家发出求救信号，让大家了解到你遇到了困难。

我之所以这么说，是因为比起垄断信息，信息共享更能让大家共同受益。

谷歌公司的褒奖文化

我觉得不仅是谷歌公司，其他的美国公司也是一样，它们比日本公司更擅长赞扬。

首先从慰问下属的辛苦开始："做得真不错，谢谢你！"表扬之后再对他说："这个部分你要是这么做的话会更好，你这样改进一下吗？”

一般情况下，美国的企业里特别擅长表扬、鼓励对方，给对方加油打气。我觉得这种“先表扬”的做法很值得日本的企业学习。

最近，体育界的体罚等引起了人们的关注。我感觉在日本的组织机构中，总是批评多于表扬。在手工艺界，也经常可见师傅一边大声呵斥着徒弟一边教他该怎么做。但是这种做法到底怎么样呢？

打击了下属之后，他们不会想着要做得更好，反而会满心想着绝对不能失败，因而也不敢冒险了。

我觉得在这一点上可以学习美国企业的做法，多一些表扬和鼓励的姿态。对那些失败的人也并不只是一味地斥责，而是对他说“做得很好，但是……”（“Nice try，but...”）用鼓励的方式来引导他。

谷歌有一种“对等奖金”（peer bonus）制度，这是为他人申请小额奖金的制度。不管是在同一个部门还是在不同的部门，只要这个人给自己很大的帮助，或是因为有他的默默努力公司变得越来越好，就可以帮他申请这份对等奖金。我认为这是一种很好的制度，它能孕育出发现他人的优点并积极主动地去感谢这一美德。

使用云端服务的高效工作模式

我想大家都知道，云端服务有效地促进了迅速而密集的交流。

举个简单的例子，比如说在开会的同时使用谷歌在线云储存服务，将会议记录实时分享给全员，这样一来，会议结束的时候，会议记录也完成了。在明确活动、主要负责人和期限之后，会议一结束就能立即进入实施阶段。另外，这样的方式也方便将会议的内容分享给没有出席会议的人。

但是，说到底云端服务也只是一个基础平台，能否让其各项功能都真正发挥作用，则完全取决于使用它的人。

比如说，即便会议上的信息共享非常迅速，没有浪费时间就迅速进入实施阶段，但是在具体实施的时候，要是还按课长、部长、董事、董事长这样的顺序依次进行决策的话，就没有发挥云端服务的实时性这一优点。

为了全面发挥云端服务的优点，我们有必要

改变传统的组织结构或管理模式。倘若只是单纯地引入云端服务的技术和基础平台，而不推动组织模式的平面化（消除上下级差异），那就好比是暴殄天物，没有什么效果。

IT 真的让交流变得无机质

我偶尔会听到一种说法，IT 让交流变得无机质了。实际上，也确实存在着这样的事实。

比如说，跟就在身边的人说话都用邮件，这就很明显是交流的退化。又比如说，虽然 Facebook 很方便，但是如果把只在 Facebook 上的联系错当成交流的话，就会出现问题。

我们也经常看见一些人因为在邮件或是 Twitter上的一点意见相左，就激动起来，继而恶言相向，冲突不断升级，持续不休。文本形态的交流下，我们看不到对方的样子，听不到他们的声音，因此一些比较微妙的感觉很难被传递出来。有些话如果笑着说出来不至于引起误会，通过文本进行交流时，就可能会变成比较刻薄的话。面对面交谈五分钟就能讲完的事情可能会变得扭曲复杂，造成时间的浪费。

网络的匿名性也有问题。最近出现了一个新词——“disru”（否定、轻侮）。人们利用匿名这一“优点”，极其频繁地在网上发布一些让人不忍直视的诽谤中伤和大肆批判的言论。

我认为面对面才是交流的基本形式，不管是电话还是网上的各种交流方式都只是起到一个补充的作用。虽说IT技术能够超越时空，深化交流，但是说到底它也只是一个补充面对面交流的方式。

记得在我年轻且还只是索尼公司总部的一名普通员工的时候，我的上司教导我说："总部的员工与其坐在座位上，还不如亲身去生产第一线看看。"他还对我说："总部的员工去生产研发的现场的话，即便你还是一个毛头小子，生产、研发部门的员工也必须见你。你应该最大限度地利用好这个特权。"

我老老实实地听从上司的教诲，当时只要一有时间我就会去各地的生产研发现场转一转，因此我很清楚什么地方有什么样的人在工作，以及他们正在进行何种研发工作。这有效地帮助我从整体上把握索尼公司的全貌。

到第一线去，通过面对面的交流，我从新产品或新技术的研发人员那里听到了平时绝对听不到的东西，还看到了高度保密的样机。当时的所见所闻以及在公司中构筑的人脉，对我之后在索尼的工作来说都是一笔巨大的财富。不管 IT 技术有多么发达，它始终不敌面对面的交流。

5. 扩展事业时的“少而精”原则

VAIO 事业始于精简员工

我现在也偶尔会翻阅索尼公司的创办宗旨书。每当这个时候，我都能深切地感受到井深大先生在战后所写下的这些文字立意高远、引领时代。

“要建立一个自由豁达、轻松愉快的理想型工厂，以充分发挥勤勉认真的技术人员的技能。”

这是索尼公司的创办宗旨书中开头著名的一句话。再强调一下，我觉得这句话极富现代意义，与当今硅谷的创业精神有着共通之处。

“员工都要经过严格选拔，公司的人员要少而精，避免形式上的职场等级制，公司内以实力说话，在尊重个人人格的基础上，最大限度地发挥个人技能。”

我想这句话很好地诠释出一个决心，要孕育一种没有等级区分的企业文化。

其中“员工经过严格挑选，由很少的人构成”强调的是少而精原则，进入互联网时代之后，人们看重这一原则。

我在很年轻的时候就有这样的想法，“公司的员工应该少而精”。前文中也提到过，刚进索尼公司的时候，我还质疑了人事主管“为什么要录用这么多人”。

2014 年 2 月，索尼公司宣布将 VAIO 个人电脑业务出售给日本产业投资基金（Japan Industrial Partners），这震惊了全世界。

一般来说，开展个人电脑业务的企业都是靠大规模生产，以薄利多销进行经营的。老牌企业 IBM 公司早在十年前就退出了个人电脑业务，日本的 NEC 也在几年前（2011 年）将其个人电脑业务出售给了中国企业。

我一直很困惑，索尼公司的个人电脑业务规模只能算是中等，但是一直保留着个人电脑业务部门。从人才方面来看，当时创建 VAIO 品牌的人员都是从其他各部门抽调来的，但是通过成功开发了 VAIO 品牌，他们已成长为索尼公司的精英团队。

此外，索尼公司旗下的 VAIO 品牌堪称最成功的子品牌。我觉得没必要一直将这个子品牌固定在个人电脑业务上。如果把 VAIO 这个精英团队和 VAIO 品牌当成一种宝贵资产，以此来开发智能手机或是平板电脑等新产品应该也是可行的。

此次索尼公司出售 VAIO 事业，若如本书主旨“索尼公司也终于下定决心东山再起，因此舍弃了最重要的成功经验之一”，也还能看到生机。但我丝毫感受不到背水一战的殊死拼搏。对此也有新闻报道称之为“艰难的抉择”，可实在看不出这是痛苦思索后的决定，反而像是屈服于因业绩亏损招致外界的压力就轻易地放弃了 VAIO 事业。我作为一名旁观者也感到无尽的遗憾。回想起来创立 VAIO 品牌已是很久之前的事情了，当时索尼公司的台式电脑部门创立仅仅一年，就出现了巨额亏损。在我被派去当部门领导后，我首先明确了目标，然后开始挑战一些根深蒂固的观念。

我召集了所有相关人员，宣布说：“我们要成为日本第一。”当时正是 NEC 和富士通业务最鼎盛的时候，我这个初来乍到的年轻部门领导宣称要让后发的索尼个人电脑部门变成日本第一，自然是彻底冷场，大家应该都在想：“这家伙想什么呢?”

会议之后我与本部门的员工逐一面谈，有的人对 VAIO 事业不感兴趣，或者对未来愿景不能产生共鸣，兴致不高。那么不管他们多么优秀，我都请他们调动到其他部门。之所以把他们调走，是因为只要部门里有一个人没有干劲，就会给周围的人带来不好的影响。

最终原本 60 多人的团队，被我缩减到 2/3 左右。

从业务量上来看，员工人数完全不够，在这种必须要增加人手的情况下，我却开始缩减人员。当时很多人都叫我“疯子”。

前文中也提到过，业内普遍认为台式电脑业务是“世界上最无聊而且一点都不赚钱的工作”。前几任负责人的任期都不长，短短一年中就换了好几个。在我接手的时候，年度赤字已经超过了 150 亿日元。为了业务东山再起，必须立即采取措施。

在当时那种情况之下，后起的索尼公司想要获得成功，按照一般的思维方式来做肯定是行不通的。所以只能孤注一掷，挑战一下不按常规出牌的方式了。大幅削减固定费用的支出之后，依靠团结一心的精英团队，才创造了之后 VAIO 事业腾飞的奇迹。

人们总是倾向于把事物不断复杂化，但是史蒂夫·乔布斯是一个彻头彻尾的执着于简洁的人。

我曾有幸给《疯狂的简洁》(*Think Simple*，NHK 出版）一书写书评。这本书的作者肯·西格尔跟乔布斯共事多年，是广告公司的创意策划人。这本书主要写的是乔布斯如何彻底排除无用或是多余的东西，其中有这么一段让我印象深刻的逸闻。

前文中也提到过，乔布斯在开会的时候，召集尽可能少的人员，倘若会议室里坐了自己不认识的人，而且这个人与会议无关的话，他会迅速地将这个人请出会议室。

对此书中是这么说的："之所以这么做，是因为参会人员增加之后事情也会变得无比复杂。"与人多相比，还是人少要简单一些。为了扩大业务，即便是人手不足，也要慎重考虑增加员工的问题。

思考相同的员工数能不能完成双倍的工作

我刚进索尼公司的时候，索尼公司之所以大量招聘员工，是因为公司正处于持续上升时期，需要扩大事业。普遍认为，为扩大业务增加员工，有助于提高社会的就业率。但是增加过多的员工，会导致公司固定支出费用增多，让经营举步维艰。其结果就是导致公司倒闭，本利全无。招聘人数是一个公司发展的晴雨表，但也要谨慎从事。

我认为一家公司在扩大规模的时候，如何贯彻少而精原则是其关键所在。也就是说，把员工的平均劳动生产率当成一个指标来重视。

比如说，在此之前 5 个人能做 100 个单位的工作量。当工作量增加到 200 个单位的时候，不是以正比的形式增加员工，而是让现有的 5 个人来做这 200 个单位的工作量。这样做可以测试员工的能力能延伸到何种程度，等接近能力的极限时，再着手招聘一名员工。

像这样通过设定一个比较高的目标的增负做法，不仅能促进员工的个人成长，而且还能发现工作时所做的无用功，提高工作效率。

不轻易增加员工还有另一个好处。

一家公司，必须由那些能发自内心地跟创始

人的蓝图或理念产生共鸣的人组成。如果里面夹杂了一些对创始人的理念没兴趣，或是持有反对意见的人，哪怕只有一个这样的人也会不利于公司的发展。增加员工的同时就会伴随着这样的风险，因此为了规避这种风险，更好地贯彻公司的愿景和理念，尽量不增加员工数量是明智之举。

在我们公司的招聘面试环节，我会亲自向应聘者完整而详细地讲述公司的愿景和理念。我会和他们讲为什么创办这家公司，现在为什么开展这样的业务，将来计划做什么，以及想让公司为社会做出什么样的贡献等。

然后，我只录取那些能由衷地对我所描绘的蓝图产生共鸣的人。

我为了把自己的愿景和想做的事按部就班地变成现实而创建了这家公司，因此只想招聘那些愿意协助我实现这一理想的人。要是招来一些妨碍我实现理想的绊脚石，我会非常棘手。

那些跨越我所设定的标准顺利加入公司，并且能跟上我前进脚步的员工，都是非常难得的伙伴，他们跟我有着同样的理念、愿景和目标。正因为如此，我们作为拥有相同理念的集团，员工间具有很强的信赖关系，只有这样，“少而精”的组织才能真正发挥其功能。

重视速度的谷歌公司在招聘方面也花费大量时间

众所周知，谷歌公司会花费大量时间和精力来录取员工。有的岗位在录用人的时候，会有很多位面试官进行轮番面试，需要花费很长时间。

谷歌公司将是否帮助公司录用到优秀人才这一点列入员工的考核项目。我在进入谷歌公司以后，也接受了很多如何发现人才的训练，比如招聘面试等。

面试时大致会就以下四项标准对候选人进行评价：①智商高低；②以往的工作业绩，对社会的贡献；③领导能力；④是否与谷歌公司的文化相吻合。

另外，原则上要求面试官必须在 48 小时以内完成对候选者的评价报告并提交。没有习惯这项工作时觉得写评价报告很艰难，写一份报告就要花两三个小时。渐渐习惯之后 20 分钟左右就能写完一份报告，为了处理应接不暇的面试工作，面试官必须迅速完成评价报告。

招聘流程非常细致，全体面试官对同一候选人的评价报告都出来之后，将其打包提交给招聘审查部门。通过招聘审查部门的审核之后，还要提交到总公司的经营会议上进行审查。最终的材料需要经过公司创始人之一的拉里·佩奇过目之后，才能决定聘用人选。

谷歌公司虽然做事非常讲求速度，但是让我印象深刻的是，在录取员工这一方面它确实花了超出常规的时间。应聘者中也有一些人因为录用过程太长，等得不耐烦后，最终选择了其他公司。因此有时也会发生错失优秀人才这样的事情。即便如此，谷歌公司管理层认为错失人才总比求快不求好地招纳一些跟谷歌公司理念不相符合的人要好。

但是我听说即便是谷歌公司，最近伴随其高速成长，以往的那种录取程序也已经很难再持续下去了，现在好像很多达不到标准的人员也进入了公司。

谷歌公司曾经只是一家风险创业型企业，如今也成长为拥有 3 万名员工的大企业。谷歌公司壮大之后，会有越来越多的人因为待遇好或是品牌效应而想加入这家公司，他们的动机跟公司的理念或愿景完全不同，这样的员工不断增多也实属无奈。

很多大企业都是如此，在企业壮大、业务扩张之后，大家越来越忽视创业的初衷，决策的速度也会慢下来。然后不断僵化，最终变成一个不能为社会创造任何附加价值的企业。

现在的谷歌公司事业蒸蒸日上，业绩正处于逐年上升的趋势中，但是今后会有什么样的变化我们都无从得知。索尼公司当年在创办宗旨书中说“经营规模我们宁小不大”，可最终它还是与这一初衷渐行渐远。因此，对任何公司来说，想要坚守创立时的理念，保持当时的速度，都不是一件简单的事情。

“A 等”人才是指什么

在硅谷有时候会听到这么一句话：“A 等人才倾向于跟 A 等人才工作。B 等人才倾向于跟 C 等人才工作。”

A 等人才想的是，通过跟比自己优秀的人一起工作，能互相学习、共同成长。而且他们乐于见到团队增加一个 A 等的成员后队伍更加强大。

然而，B 等人才则担心比自己优秀的人加入团队之后，自己的优越性就体现不出来了，因此他们比较容易选择能力比自己差的 C 等人才。在此，就可以看出真正的精英（A 等人才）和徒有其表的人（B 等人才）的区别。

即便在谷歌公司，面试官也经常被要求“希望你能招比你更优秀的人”。

对创业期的高新企业来说，如何招聘到优秀的人才，关系到公司的前途命运。前文中也提到过，从经验上来讲，要招聘与公司的理念及愿景产生共鸣的人。当然光有这一点还不够，能力方面还要选择 A 等人才，否则公司的发展堪忧。

所谓的 A 等人才也是各种各样的，即便是以优秀的成绩毕业于顶尖大学，并在一流企业干出业绩的人，也不一定就适合创业期的高新企业。创业期的高新企业所需要的 A 等人才是指能自力更生的人。

每个月靠拿工资生活的人和凭自己的想法赚钱谋生的人，两者的格局是不同的。那些因为一点小事就低落疲惫的人完全不可用，真正的人才需要具备过人的胆量、忍耐力和体力。不管发生什么事情，只要不断前进，总会迎来情况好转的一天。

倘若放弃继续向前的话，就只能永远停留在那个状态。无论发生什么都不气馁，只要能一直保持自己对工作的那份干劲，总有云开日出的时候。换言之，倘若没有看准时机后的爆发力、岿然不动的胆识，以及坚韧不拔的耐力和强壮的身体，想要迎来转机，想在创业期的高新企业干出一番业绩是很困难的。

6. 用“伙伴关系”将全球联系起来

建立伙伴和双赢的关系

对创业期的高新企业来说，除了创建一个小而精的团队，如何找到强有力的外部伙伴也显得尤为重要。正因为考虑到这一点，在我们公司的10条行动指南中就有一条是“员工少而精，重视伙伴关系”。

当然，伙伴的重要性并不是只体现在创业期的高新企业中。当年索尼VAIO个人电脑业务的成功，也得益于中国台湾的华硕集团的帮助。同时华硕集团通过VAIO业务跟索尼结成了良好的伙伴关系，这成为它日后事业腾飞的一个重要基础。双方建立了友好合作的双赢关系。

前文中提到过，我跟华硕集团的CEO施崇棠先生因为索尼的 VAIO 业务合作后就成了盟友。在那之后，他也成功建立了跟谷歌公司的良好关系，提高了安卓手机和平板电脑的市场占有率。

我现在的公司与执行力强的创业型公司以及自由职业者等结成了多种多样的伙伴关系，也和日本优利系统公司（Unisys）这样的大企业保持着合作关系。各种各样的伙伴给了我们很大的支持与帮助，使得我们能顺利开展业务。

在找到一个优秀的伙伴之后，如何与对方在合作的同时建立双赢的关系显得尤为重要。在企业间合作方面常见的“承包”“全盘转包”这些词，听上去不能完全体现平等合作的关系。我觉得所谓的伙伴关系，不论公司大小，都应该在平等的伙伴关系上进行合作。

越是大公司和小公司合作时，越要多费心思向对方表示尊重。倘若把公司的大小跟个人力量混为一谈，采取蛮横的态度，就有可能错失重要的机会。

近来，越是能察觉世事变化的人就越愿意摆脱原有的组织模式自主创业，或是成为自由职业者。对大企业来说，跟这些优秀之人建立合作关系，能大大提高企业业务成功的概率。不管对方看起来多么渺小，大企业都应该放下傲慢之心，跟他建立双赢的关系。这种平等的姿态能带来新的可能性。

汇集众多伙伴的智慧

现在是互联网、云端服务、社交媒体被广泛运用的时代。这个时代的精髓在于通过互联网能将大家联结起来，大众之间的这种联结有助于获得各种各样的支持和帮助。这正是我们公司的行动指南所说的“积极利用大众的智慧”。

在民众中有许多知识丰富、智慧卓绝、充满创意的人。通过互联网，我们能和他们瞬间取得联系。因此我们要积极地利用互联网为我们创造的这一环境。

前文中提到过的 ALEXCIOUS 网站，登载了日本各地许多中小企业、小微企业以及个人经营者的信息，他们制造了优质的商品和作品。

如果在这个网站上发言说“可以给我介绍一位没有名气但技艺高超的工匠吗”，就会有很多人发来相关信息。和没有互联网的时代相比，毋庸置疑，现在确实收集信息非常方便。

此外，最近一种新型的经营模式“众包”（crowdsourcing）正在发展开来。在日本，这方面具有代表性的公司有 CrowdWorks（日本任务众包云平台）和 Lancers（日本众包平台），此外，Coconala（日本手工艺共享平台）也以独特风格提供众包型的服务。它们的工作机制是，各行各业的专业人士在网站上注册，同时甲方也在网站上发布工作的消息。大家就某项工作进行申请，甲方通过筛选之后把工作发包给符合条件的人。

这些平台上聚集了网页设计师、程序员、工程师、撰稿人等各行各业的专业人士。据目前（2014 年 4 月）的数据显示，在 CrowdWorks 上注册的人有 15 万，在 Lancers 上注册的人有 30 万。

在这种工作模式发展的同时，企业也迎来了一个重大的转折期，不再将所有的工作都在本公司内完成。

像总务、人事、会计等事务部门的外包已经很常见了，今后利用众包方式，企业的业务外包将会变得更加广泛和便利。

把握好轴心才能有效利用大众的智慧

要想通过众包或众筹等方式来有效利用大众的智慧与支援，需要区分好“自己应该做到什么程度”和“哪些需要依靠大众的力量来完成”这二者。

正确利用大众的智慧能带来很好的效果，但是稍有不慎，也必然会引来来自大众的杂音。我想大家都明白这么一个道理：是成功利用大众的智慧，还是被众人发出的杂音牵着鼻子走，全看使用者是否有稳定的基轴。

日本的制造业采用纵向一体化结构，任何问题都由自己或本系列的公司解决，由此培育自己的核心竞争力。对于日本的制造业来说，丢弃以往的常识和模式，积极地吸收大众的智慧，也是重新审视本公司核心竞争力的绝好机会。

总之，正因为有了互联网和社交媒体，我们现在能够瞬间连接到众多的人，如何利用好这一时代的利器完全取决于自己。

7. 首先瞄准世界市场

盛田昭夫将半导体收音机卖到了美国

我当时之所以想加入索尼，主要是敬仰索尼闻名世界的创业家——井深大和盛田昭夫。详细内容在我的上一本书中介绍过了，这里不再赘述，但是作为索尼创立初期的一个逸闻，每每听到盛田昭夫把半导体收音机卖到美国，打开了美国市场的故事，我都会备受鼓舞。

盛田昭夫之所以推迟开拓国内市场，首先在美国销售半导体收音机，是因为他非常了解在美国打造优质品牌的优越性。可以说，到现在日本人还是比较青睐那些在国外受到好评的品牌。

我记得当时有一个说法叫作“索尼的反光镜战略”，盛田昭夫深得其中真味。他在那个时代亲身实践了“首先瞄准世界市场”这样的经营战略。在当时能做到这一步的只有索尼公司，也只有盛田昭夫。

当时第二次世界大战才过去十来年，与那个时代相比，现在的交通和互联网发达了很多，进军世界市场变得容易多了。

不了解自己的国家就别谈论全球化

当今时代人们随时都能与全世界联系，也能向全球市场进军，大家把这称为全球化。

但是，真正的全球化并不是说用同样的价值观来统一世界。世界各地都有着丰富多彩的当地特色，把它们像一片片拼图一样组合起来就构成了整个世界。因此要尊重世界各地的差异，要珍视每一种当地特色。

用盛田昭夫的话来说就是“全球本土化”。他经常强调说，在开展全球化业务的同时，要熟悉每个地方的差异，从而开展融入当地的业务是非常重要的。

我感觉日本人太不了解自己国家的优点、长处和特征，这让我如鲠在喉。即便是被外国人问起，似乎很多日本人也比较排斥讲述自己国家的事情。之所以会造成这种现象，可能跟第二次世界大战后的教育有关系吧。

谈爱国心可能稍微有些夸大了，但是对于自己出生的这个国家，还是应该有一种自然的依恋之情。有了本土特色这个基础，才能谈到全球化。因为日本人只有先成为日本人，之后才能成为世界人，所以学习本国历史并持有自己国家的观念就显得尤为重要。然后，我们作为日本人应该认识到日本这个国家的优秀之处。

向世界宣传日本

听了世界著名的建筑师隈研吾的发言后，我深感赞同。

隈研吾曾在美国等国家学习过建筑学，最初他设计了很多后现代主义建筑，这些建筑物大多是以欧美的设计理念为基础的钢筋混凝土建筑。某次他被邀请到了四国高知县一个叫梼原町的城镇。当地有一个叫“梼原座”的传统木结构戏园，听说当时是因为这座戏园被损毁，人们觉得非常可惜，于是就请隈研吾来帮忙进行修复。

梼原町的交通非常不便，但是很早以前就形成了自己独特的文化，在江户时代末期还涌现出很多维新的仁人志士。另外，坂本龙马脱藩时曾多次往来于梼原町一事也为人所熟知。

隈研吾到达梼原町看到戏园后，感到一种电击般的巨大冲击。之所以会有这种感觉，是因为这座戏园与西方的建筑完全不同。西方建筑体现了征服自然的精神，雄伟壮观。然而这座戏园是在融入地方特色，充分利用当地素材的理念下建造而成的。

自此隈研吾以往的设计理念被完全颠覆了。他将“梼原座”这样的建筑称为“负建筑”，不断设计出一些活用当地素材，又不损坏自然景观的作品。

他改变设计风格之后，得到了更高的评价。大家都觉得他的设计极具独创性，他也成为代表日本享誉世界的著名建筑师。

隈研吾说过：“那些得到世界认可的日本强项只存在于日本

的各片乡土中。”这句话深得我心。

世界著名的打击乐器演奏家山下勉也是一位有趣之人，据说他曾经被邀请加入英国滚石乐队。他是京都人，在音乐方面有很高的造诣，曾一度返回故乡皈依佛门。他将宗教、音乐与艺术完美地融合在一起，创造了一个崭新的世界观，是一位活跃在世界舞台上的充满创意的日本人。我想让世界上的人们更多地了解这些日本人的事迹。

创建一个向世界宣传日本的平台，积极地向全世界展示日本新奇的创意和优质的商品，向世界宣传许多日本人正在从事一些值得大家关注的工作，以此让日本通过和 20 世纪完全不同的方式再次为世界做出贡献，这就是我目前想做的事情。

成功体験はいらない

|第3章|

应该事先掌握的“新世界的规则”

3

1. 除去心灵的沉渣

你是否也执着于并非本质的东西

在本书的最后一章，我想给那些试图抛弃以往的常识，挑战新时代的人一些帮助。我想给他们一些我个人的建议，以助他们一臂之力。

这是一个瞬息万变、竞争激烈的时代。同时这也是一个令人振奋、充满乐趣的时代。但是要想充分享受这个有趣的时代，我们必须丢弃现有的常识，转换自己的想法及行动方式，以迎合不断被重新定义的世界新潮流。

话虽如此，改变却不是那么容易的一件事情。我觉得如果身处因循守旧的大公司，这种感觉会更加强烈。正因为这样，长时间在一家公司工作之后，心中就会不知不觉地积累一些“沉渣”。渐渐地，这些杂质就会使判断力和决断力变得迟钝。

于是会出现这样一些人：他们最关注自己在公司的地位和头衔，以及周围的评价，关心同时期入职的人谁先当上了课长，谁有望升任董事，继而关心能否拥有单人办公室、配秘书，或是坐上高级专车等。

我也是在辞掉索尼公司的工作时，才发现自己的内心已经不知不觉沉积了各种沉渣。然后正是因为有意识地去除了这些沉渣，我才能在谷歌公司获得宝贵的体验，进而现在果断创业。

抽出时间来审视自我是很重要的。如果发现自己的内心正受一些非本质的东西所支配，发觉心中有了沉渣的话，建议大家试着将这些沉渣打扫干净。

清理沉渣，留下的就是最本质的东西。在索尼公司时，我完全理解并接受了索尼精神，即“做别人不愿做之事”“比别人先行一步”“面向全世界”。索尼公司是日本最具代表性的企业，在这里我体会到与全世界各国做生意是一件多么美妙的事情。

这些是我在索尼公司学到的最本质的东西，索尼精神现在还在我心中生生不息。可以说我以自己的方式继承了索尼精神，这也正促使我创业，以实现“向世界宣传日本优秀的想法和商品，用日本的产品在全球市场上决一胜负”这一梦想。

辞职也并非难事

除去心中的沉渣，并非是让大家非辞职不可。即便不辞职也可以对自己进行“重启”。

但是如果经过认真考虑，确定现在就是辞职的时机，我认为就应该尊重这样的直觉和判断。

可是，现实中真的打算要辞职的时候，却很难下这个决心。家中上有老下有小，还有房贷要还，在这样的情况下并不能轻易地下决心辞掉工作，这是一个不争的事实。

我 48 岁第一次辞职，当时的情况也是一样。家里有在上高中的儿子和刚上初中的女儿，还有年迈的父亲需要照顾，此外还要还房贷。

我想不用我说大家也明白，辞职这个行为本身是非常简单的。决断所需要的，就是那么一点点勇气、智慧和行动力而已。

我觉得当时比较幸运的是，在我决定辞职的时候，家人都接受并且支持我。

每个人都有自己的特殊情况，因此不能不负责任地让大家都辞职。只是现在的社会瞬息万变，正处于工作方式变革的大转型时期，作为大企业白领生存下去的风险也绝对不小。因为现在早已不是以前那个只要在一家公司干到老就安全的时代了。

毅然舍去之后留下的是洁净之心

该抛弃的不仅是心中的沉渣。执着于过往的成功经验只会成为开展新行动的绊脚石，因此也将它们丢弃吧。再辉煌的成功体验，在达成的一瞬间就成为过去的事情了。

在进入谷歌公司的时候，首先我让自己彻底忘记在索尼公司所掌握的常识以及在索尼公司获得的成功经验，抛弃一切先入为主的观念，只留下一颗洁净的心。

之所以这么做，是因为谷歌公司的飞速成长得益于它颠覆了一般的常识。我担心若是带着陈腐的有色眼镜，恐怕就没法洞察谷歌公司飞速成长的秘诀和本质。

谷歌公司的成长方式不同于其他任何企业，它以自己独特的风格不断发展壮大。社会上的常识在谷歌公司属于不合常理，相反地，社会上的不合常理就是谷歌公司的常识。正因为如此，谷歌公司才能在极短的时间内以惊人的速度发展壮大。

我想，先抛弃包括在索尼学到的常识在内的世间常理和固有观念，尽量以纯粹无垢之心去体会谷歌这个企业。

凭借这种姿态，我不仅看透了谷歌飞速成长的本质，还融入了谷歌这个大家庭。虽然我是以高层管理人员的身份进入谷歌的，但还是很快就被大家接受了，无论是工作方面还是私人方面，我都能同周围的人很好地交流。

然而，有些从别的公司跳槽来谷歌的人，把前一份工作的常识或成功经验等原封不动地带到谷歌。他们以一种高高在上的姿态推崇自己的价值观和办事风格，不愿改变自己的态度，总说“在原来的公司是这么做的”。这样的人让人厌烦，在工作上也很难得到别人的帮助，不少人工作进展不顺利很快就辞职了。

听说那些总把“在原来的公司……”挂在嘴边的人被叫作“假想之神”，一旦变成那样的人，无论是跳槽到哪家公司，都会被周围的人所疏远吧。

后来我听说，当时担任谷歌 CEO 的埃里克 · 施密特在

2001 年加入谷歌公司时，也曾一度试图将之前的经验全部忘记。

施密特是技术人员出身，在美国太阳微系统公司工作的时候领导开发了 Java 技术，从事电脑和互联网的相关工作多年，业绩卓越，肯定有许多工作策略和成功经验。可是为了理解在谷歌工作的年轻人的想法和办事风格，他在上任之初将自己定位于虚心的聆听者，认为这是要理解谷歌必须有的正确姿态。

在进入新环境时，暂且抛弃自己此前的一些固定观念和常识的这种态度是非常有用的。

2. 保持简单

一直执着于简单的史蒂夫·乔布斯

“除去心中沉渣”和“抛弃过去的成功经验”都是使本质显露出来的做法，也就是扔掉多余的东西变得“简单”。

能将这种“简单”执行到底的，就是苹果公司的创办人史蒂夫·乔布斯。前文中提到的《疯狂的简洁》这本书中，写着这么一件让人印象深刻的事：

苹果出售的笔记本电脑只有 MacBook Air 和 MacBook Pro 这两种，每种再根据屏幕大小、CPU、内存的不同而细分几个型号。基本上客户只需要从 MacBook Air 和 MacBook Pro 这两个系列中做出选择即可。

书中还提到，截至 2011 年 11 月，惠普笔记本电脑的种类有 33 种，戴尔有 18 种。据说由于这些商品的特征重复的部分比较多，导致销售员都没法向顾客解释清楚各个型号之间的区别。

那么用户会支持哪一种销售策略呢？是苹果的还是惠普与戴尔的？答案不言自明。

日本的家电厂商也一样，放松了对简单的追求。不管是电视还是电脑，都一直胡乱地制造出很多型号。

曾经日本的三家大型移动运营商合并成立了一家制造、销售移动终端设备的公司。这家新公司邀请我参加了一场公司内部的宣讲会。当时这三家公司已经合并一年多了，但是公司官网上还原封不动、密密麻麻地陈列着合并前三家公司各自生产的手机，这让我大吃一惊。

我认为如果三家公司合并，首先应该整合产品线，精选机型。我不禁疑惑这三家公司到底是为了什么才合并的。

最终，这家新公司经营失败，走向倒闭。这样的情况其实随处可见。追求简单似乎很容易，但实际上并不是谁都能做到的。

把商品战略也简单化

1997 年 9 月我被任命为索尼台式电脑部门负责人，那正是我刚过 40 岁生日的时候。当时我断然决定立即推行“少数精锐化”方针，也就是使组织机构和商品战略简单化。

可能是因为索尼台式电脑部门在短期内换了好几个领导，它给我的印象是无论组织机构方面还是商品战略方面都不尽如人意，这样下去无法赢得市场。于是我首先找部门中的每一个成员面谈，虽然从工作量上来看当时的人手根本不够，但我还是铤而走险地精简了组织机构，缩减了人员。

另外，在产品方面，当时索尼的主力机型是采用 ATX 标准主板的迷你塔式（mini tower）电脑，体积比较大，我毅然叫停了这种机型。

当时美国市场的主流也是迷你塔式电脑，但我们在当时刚刚问世的微 ATX 主板的基础上研发了微塔式（micro tower）电脑，并把它当成标准机型。

我还重新评估了 VAIO 组件。VIAO 组件就像视听设备组件一样，基本理念是主机和外围设备都是将迷你组件根据尺寸独立装在机壳中，用户可以单独购买进行组合，但要是全部买齐的话将会非常昂贵。于是我们就只保留了主机，停止了外围设备的开发。

然后我们将在当时还很少见的液晶屏跟主机进行组合，将这种新机型加入产品线。

就这样，我们将产品线精简成了简单明了的三类，商品战略就是以这三根顶梁柱来决一胜负。

幸运的是，经过全面重组的 VAIO 各个机型都广受欢迎，频频出现畅销机型。所以在我就任之后的第二年，这个曾经创下高额赤字的部门达成了年度结算盈余的目标，第三年也继续保持盈利。

曾经被人们称作“世界上最无聊最不赚钱的买卖”的台式机业务，现在摇身一变，成了“有趣而赚钱的业务”。

产品在市场上获得成功当然也有产品本身的原因，但重新审视产品战略使之变得简单易懂，绝对是成功的关键所在。

可惜 VAIO 个人电脑后来还是发展出了很多型号，让用户不清楚到底应该买哪一个型号才好。最终 VAIO 业务成为索尼公司的累赘，被出售给其他公司。最终走向这一步，说起来倍觉讽刺。

“不敢舍弃”会变成风险

事物的要素累积得越多就越复杂，越难以理解。

参加会议的人员越多就会越混乱，演讲越是冗长就越难以将内容传达给听众。商品也是一样，它的功能变得越来越多之后，就失去了其特征。

我想不仅是乔布斯，很多人都明白这个道理。但很少有人能采取行动避免这一情况的发生。

这是为什么呢？究其原因应该是害怕“舍弃”。

想要让事物变得简单，就必须扔掉多余的东西，可是舍弃经常伴随着不安。想着“或许自己是在抛弃原本不该扔掉的东西”，于是不知不觉就把它留下了，或者想一段时间再决定是否要扔。

增加与会人员、添加商品的功能，也许这些安全对策都是为了应对万一出现的遗漏。但是事物的要素累积得越多就越复杂，越难以理解。因此会议也得不出任何结论，顾客也无法理解商品的特征和优点。

本来是打算规避风险的，反而增大了风险。

置之不理的话，信息熵就会增大，也就是说事物会慢慢变得复杂化，这是自然的法则。因此，我们要抓住时机勇于舍弃。

最后留存下来的就是简单的本质。无论是对自己、对组织机构，还是对商品来说，这一简单的本质都是至关重要的。

3.“演绎式”地思考

“把日本打造成足球强国”：做出这一决定的瞬间，一切已经开始

想要改变的话，首先就要下定决心。但是这里的“下决心”具体是指什么呢?

所谓的下决心，换句话说就是“演绎式地思考”，在脑海中描绘出未来的蓝图，在此基础上进行逆向推导，从而决定当前该做的事。

最近几年，在体育界，日本选手的活跃表现非常引人注目。特别是在足球领域，日本选手在国际上的存在感年年增强。

日本成了世界杯长期参赛国，2014 年的世界杯也是很早就获得了参赛权。此外在现代足球的发源地——欧洲也活跃着众多日本选手的身影，曼联、英特尔、AC 米兰等世界著名大型足球俱乐部中都有日本选手的身影。

但是在 20 年前，人们根本不会想到有今天的局面。1993 年，当时日本国内刚成立职业联赛，还没有世界杯的参赛经验，没有选手在欧洲踢比赛。当时的日本可以说是一个足球落后国，为什么今天能变得如此强大呢？

原因只有一个，那就是当时有人下定决心要“用二三十年时间把日本打造成足球强国”。

他们表示，所谓“演绎式地思考”，是指先在脑海中描绘出一幅未来的蓝图，基于此来进行逆向推导，从而决定当前该如何着手去实践。

20 年前，川渊三郎先生担任首届 J 联赛联盟主席。以他为首的一批人下决心要把日本打造成足球强国。于是从那时起他们就放眼 10 年后、20 年后，开始着手行动。

他们首先规整壮大 J 联赛，并成立下属的青年、少年足球队，完善相关体系以挖掘培养才能出众的青少年选手。最近活跃在国外的年轻选手越来越多，正是得益于这种培训体系培养了大批人才。此外，他们还从国外请来了菲利普 · 特鲁西埃、阿尔贝托 · 扎切罗尼等具有丰富执教经验的教练，使得世界一流的战略和战术扎根于球队，并且不断增加参加国际性比赛的机会。在他们的努力下，当初连亚洲预选赛都无法打胜的日本代表队一跃成为世界杯长期参赛国。

扎根于日本各地的 J 联赛为全国各地的人们关注足球建立了平台。在其影响下，日本国内相继诞生了诸多以进入 J 联赛为目标的足球队，足球的影响范围以惊人的速度不断扩大。

所有这一切都开始于川渊先生等人的演绎思维，如果没有这种思维能力，恐怕如今日本的足球实力与 20 年前相比也不会有什么变化。

像这样做出决定后将其付诸具体行动并取得成效并不是件简单的事，而且要耗费大量时间。足球可以说是一个成功的案例。日本各个领域都应该对二三十年后达到何种状态确立一个明确的愿景，然后下定决心去实现这个目标，并且立刻展开行动。否则不仅无法改变现状，还会使情况比现状更糟。

美国国家情报委员会发行了一本书，名叫《全球趋势 2030》，翻开此书，里面是这样描述日本的："日本于 1995 年结束了繁荣期，之后便进入了衰退期。"

事实上确实如此，20 世纪带动日本经济快速发展的众多优质企业如今都已衰退，经济增速放缓，少子老龄化现象不断加剧，作为"世界第一老龄化大国"，日本早已失去了往日的气势。现在日本正处于必须全面调整国家发展蓝图的极为重要的关头。

如今，安倍的经济政策正在生效，企业业绩出现好转，2020 年东京奥运会申办成功，民众的情绪极为乐观，正是在这个节点上，为了阻止 2030 年日本变成衰退之国，各领域都应该做出相应的决定和行动了。

归纳式思维无法预测未来

顺便说一下，"演绎式"的相反面是"归纳

式”。此处的“演绎式”可以定义为：瞄准远处的目标，从该目标出发进行逆向推导，从而决定当前行动的一种思维方式；“归纳式”可以定义为：处理好眼前之事，通过不断积累，最终达到某种目标的一种思维方式。

归纳式的思维方式，换句话说其实就是漫无目标，过一天算一天。日本足球国家队里，肯定没有一个著名选手会说：“不知何时开始足球就越踢越好了，不知不觉就进国家队了。”

转会到 AC 米兰的本田圭佑曾在小学作文中写道“将来要成为世界级的运动员”，这件事一度成为热门话题。盯准一个长远的目标做出具体规划，向着这个目标不断进行明确和努力，最终目标就会离自己越来越近。

日本人喜欢脚踏实地、孜孜不倦地埋头做事，不断积累经验。所以可能更擅长归纳式思维，而不擅长演绎式思维。但是如果想要在今后的世界里有所作为，就应当更加重视演绎式思维。

例如坂本龙马是备受日本人喜爱的英雄人物，他选择了什么样的生存方式呢？虽然坂本龙马可能也有被过分偶像化和英雄化的一面，但是毋庸置疑，他对于未来具有非凡超群的想象力。并且，正是得益于他的想象力和行动能力，日本才幸免沦为欧美列强的殖民地。

坂本龙马不仅生于一个因闭关锁国导致信息来源十分有限的时代，而且还身处土佐这一远离江户城的偏僻之地，但他依然正确分析了当时的世界形势，并对日本做出准确定位，指出日本今后的发展道路。他以“船中八策”为代表的建立一个新日本的种种构想，成为日后日本的施政方针。

可以说，坂本龙马正是运用演绎式思维生存的日本人。他促成曾水火不容的萨摩、长洲两藩结盟，以及向幕府提出的“大政奉还”这一奇策，都不可能是从传统幕藩体制的常识中诞生出来的。富于想象力的坂本龙马明确描绘出了日本未来应有的样子，正是他的这种构想和行动拯救了日本。

面向世界挥斥方遒的盛田昭夫

索尼公司向美国推销半导体收音机时，盛田先生拒绝了一家名叫 Browbar 的公司代工生产的提议，当时，盛田先生的回绝之词令人振奋。

面对拒绝了这桩生意的盛田先生，Browbar 公司的负责人一脸震惊地说道：“什么索尼公司，谁也没听过，所以没人会买你们的商品，本公司的商品不缺客户，因为我们可是花了 50 年打造出的世界知名品牌。”

据说，对此盛田先生是这样反驳的：“50 年前，又有谁知道贵公司呢，本公司现在刚迈出 50 年的第一步，50 年后我一定会让索尼公司与现在的贵公司一样知名，因此我拒绝您的提议。”

盛田先生之所以拒绝了当时的大企业的代工生产邀请，是因为他拥有“50 年后将索尼公司打造成世界知名企业”这一坚定的决心和愿景，并且他还富有想象力，勾画出了 50 年后索尼公司的具体蓝图，对于他来说，拒绝那桩生意是很自然的想法。

后来索尼公司生产的半导体收音机成为热销商品，为索尼公司名扬世界发挥了主要作用。如果盛田先生缺乏对未来的丰富想象力以及演绎思维能力，之后的索尼公司肯定不会取得如此辉煌的成就。

无论是坂本龙马还是盛田昭夫，我们无从得知他们是否一出生就拥有这种想象力和演绎思维能力。

坂本龙马在年轻的时候隶属土佐勤王党，提倡过尊王攘夷，与胜海舟的相遇大大地开阔了他的眼界。据说当时坂本龙马不赞同胜海舟的意见，直接冲去找胜海舟当面理论，甚至准备当场与对方决一生死。正是这次会面，让坂本龙马的视野逐渐变得开阔起来，慢慢地拥有了大局观念。

为了培养大局观念和长远目光，每天拿出一个小时读一读预测未来的书，或者对未来做出种种具体的设想，养成这种习惯是一件很好的事。此外参加一些大型活动多结识一些人，与他们谈谈，在构建人脉这层意义上来说也是很有帮助的。

了解自我所必不可少的“20% 时间制”

关于谷歌公司的 20% 时间制，想必很多人都有所耳闻。这是一种鼓励员工将 20% 的工作时间用于从事自己本职工作以外之事的规则。据说，以 Gmail 为首的谷歌公司的诸多产品都是诞生于这个 20% 时间制。

谷歌公司将“整合全球信息，使人人皆可访问并从中受益”作为使命，在此目标下，连续不断地开发出各种网络服务以及 App，从而获得了快速成长。也正因如此，公司上下忙得不可开交。

但是人一旦过于忙碌，往往容易忘记思考自

己做这份工作的本来目的以及本质意义。可以说这是经营管理中的格雷欣法则（劣币驱逐良币现象）。

例如规定本周五之前必须完成某件产品，这样一来，按期完成任务就成了最优先的工作，其余方面的工作就被忽视了。因而有时就会忽视公司及自己的目标、生产该产品的目的等一些本质性的东西。

这个 20% 时间制，对于防止员工陷入“忙得只能关注眼前事物而忘记了自己的初心”这种状况来说是一个非常有效的方法。

谷歌公司里有很多非常勤奋的员工，但这些员工并没有变得视野狭窄，工作都做得非常出色，想必这 20% 时间制发挥了很大作用。

为了培养演绎思维，就要对自己所做的事时刻保持客观的态度，心中留有余地。谷歌公司的 20% 时间制对日本企业来说是一个很值得借鉴的策略。

4．不挑战的风险

如今的大企业属于“高风险、低收益”吗

挑战需要勇气，但在各种技术基础和社会基础均已完善的

当今时代，挑战的难度与十年前相比明显低了很多。

曾经，我与 Salesforce 公司的创始人马克·贝尼奥夫先生交谈时，他断言说："创业是没有任何风险的。" Salesforce 是贝尼奥夫先生离开甲骨文公司之后独自创立的公司，该公司通过云端提供商务类 App 服务，是世界知名的 IT 企业。

正如他所断言的那样，事实上创业本身难度很低。贝尼奥夫先生是硅谷知名的创业家，他的观点令人信服。我在序言里也提到过，关于日本的创业环境，贝尼奥夫先生表示，在日本创业家获得的评价并不高。

一直以来，日本人有一种根深蒂固的观念，那就是"大树底下好乘凉"。只要当上公务员或者进入大企业成为白领一族的话，工作就有了保障，一直干到退休的话，拿到的工资足以使日常生活衣食无忧，并且在社会上也能获得较高评价。与高风险、高收益的创业者不同，工薪阶层虽然工资不算太高，但人生也因此少了很多波折。因此，即使现在公务员和大企业的人气也居高不下。

但是在大企业工作意味着低风险、低收益的那个时代早已成为过去。可以说在风云激荡的当今时代，留在行动迟缓的大企业反而会变得越来越“高风险、低收益”。

令人记忆犹新的是，发生东日本大地震的 2011 年，索尼、松下、夏普等日本代表性的各家电企业相继出现了巨额亏损。任何企业都要经历创业期、发展期、停滞期以及衰退期这四个阶段。20 世纪带动经济快速发展的诸多大企业，其衰退之势令人触目惊心。

在如今的日本，可以称得上大型企业的企业中，越来越多的企业进入了停滞期或衰退期。事实上没人能保证这些企业在五年后、十年后还能继续存在。所以现在必须加快优胜劣汰的步伐，培育出更多的新兴发展企业，让日本的产业结构重新焕发出生机和活力。

今后十年的变化应该会比迄今为止的十年更加激烈。目前业绩良好的大企业可能会在某天突然陷入危机之中。因此，在这样的大企业工作也难免时常面临裁员和降薪的风险。

在大企业工作有利于自身发展吗

对个人来说，更重要的是自我发展的问题。

一般来说，在日本企业特别是大企业工作的话，年轻人主要从事跑腿打杂之类的基层工作，很难得到担当重任、处理大事的机会。这是因为论资排辈的观念仍然根深蒂固。

到了四五十岁，好不容易有资格担当重任了，却为时已晚。换个角度来看，这意味着年轻时没有获得锻炼管理能力和领导能力的机会，就到四五十岁了。

虽然在基层积累工作经验也很重要，但在变化剧烈的当今时代，基层工作技能很容易过时。真正该掌握的应当是能随时应对突发性难题的执行力、领导力、管理能力等各种解决问题的能力。

如果年轻时没有掌握这些能力，到了四五十岁一旦被解雇了将会怎样呢？这样的人是不会被社会所需要的。

也就是说在大企业工作意味着存在这样的风险：二三十岁，这个人生中最宝贵的成长期没有得到充分利用。现在，很多优秀的大学生都希望进入日本的大企业就职，但是他们是基于什么标准来选择就职企业的呢？

当然，“为了帮助处于衰退期的公司复兴，无论如何也要进入这家公司”——如果拥有这样的决心和信念而想进入某家公司的话，那就另当别论。并且如果拥有异于常人的创业家精神，也就能够成为改变大企业的力量。

相反，进入小微企业、中小企业，甚至下定决心创业的话，能够很快接手重要工作，在凡事都得亲自解决的高压环境中，也许更能在短时间内培养出优秀的专业能力和坚强的意志。

改掉上班族的陋习

虽然我们是一家创业型公司，但只要我们公司的职员每个月领取固定数额的工资，就属于上班族。我经常告诉他们：“既然在我们公司上班，就要完全摆脱上班族的陋习，要拥有强大的企业家精神。”

在规模较小的创业型公司里，只要有一个人有上班族的陋习，对经营管理来说都是致命的。对于缺乏工作能力的人，只能请他去别家公司了。也许有些严苛，但是不这样做的话不仅公司无法生存，也不利于其本人的发展。

这里所说的有上班族陋习的人是指具有以下特征的人：只能等待上级指示而无法自己做决定；无法适时、明确地发表自己的意见；思想不切实际；遇到问题时的基本做法是责怪别人而非自我反省；经常做非结果导向的无用功；需要很长时间才能进入工作状态等。

在大企业工作拿稳定薪水与通过创业自己赚钱，这两种生活完全不同。举一个不太好的例子，这就好比是动物在动物园里每天靠饲养员喂食生存与在自然界里以捕食猎物为生的区别，这两种生存世界毫无相似之处。从名牌大学毕业、在大企业干出良好业绩的人，在创业的时候未必就能一帆风顺。

在几乎废弃的村庄里聚拢人心的公务员

有一件事让我深信，一个人的尝试能够改变世界。在石川县羽咋市，当地一名叫高野诚鲜的公务员帮助一个名叫神子原村的几乎废弃的村庄实现了复兴。

由于人口越来越少，65 岁以上的老年人占据了总人口的 50% 以上，如果放任不管，这个村庄很有可能走向消亡——这样的村庄被称为“临界村庄”（已经快到废弃极限的村庄）。我只找到了较早的调查数据，国土交通省 2006 年的调查显示，全国面临消亡危险的“临界村庄”共有 2643 个，与 1999 年的调查相比增加了 284 个。

神子原村也是这些面临废弃的村庄之一。高野诚鲜接到市长的命令，负责这个“临界村庄”的复兴工作。但是得到的预算每年只有 60 万日元，一般来说仅凭这点钱什么都做不了。

但是高野诚鲜接受了市长的命令，不过他向市长提了一个条件：希望能够废除一切烦琐的书面申请手续，依靠自己的判断和决断来推动村子的复兴。

在行政领域，凡事都要通过书面申请来决定。因此，这个要求未免有些不合常理，但是市长还是接受了高野诚鲜的条件，于是高野诚鲜开始了他的尝试。

为了让神子原村重返生机，高野诚鲜首先把闲置的农村房屋以低价租借给想要在此居住的年轻人，以吸引人们移居村里居住。

这也不算是特别新颖的措施，但是不同于为移民提供补助金以请求其前来居住的一般做法，高野有其独特的点子。

“想要来这个村子的话，我们非常欢迎，但是必须要接受村民的面试，以检验你是否适合这个村子，我们只接受面试合格的人前来居住。”

他特意采取了“从报名者中筛选”这种强硬的作风。对于没有预算的高野来说，可能这只是无奈之举。但不可思议的是，大量应征者蜂拥而至，落户率达到了百分之百。

从结果上来看，高野的这种做法完美地抓住了人们的心理。

向罗马教皇赠米

但是高野真正厉害的地方在于，他一下子把目光投向了世界。

神子原村主要以水稻种植业为主，但是平均每户人家的年均收入仅有80多万日元，属于特困村。得益于清澈的水以及适应水稻生长的气候，该村产出的越光米堪称绝品，但以往收获的大米全部都被日本农业协会收购了。

因此高野提议说，不如我们把村里生产的大米做成品牌，提高价格来进行直销。但是这一提议遭到了村民的强烈反对，大家纷纷表示："这种事要是能做到，你就自己去做吧。"

于是高野就想出了一个妙计，那就是将神子原村盛产的大米献给罗马教皇，并且还亲自给教皇写了一封信，内容为：“此乃神的子民居住的高原上出产的绝品大米，谨献给教皇。”这一构想源于“神子原村”这个地名。

可是信送去之后一直杳无音信，在高野快要放弃的时候，突然梵蒂冈大使馆来了消息。

“梵蒂冈是个人口只有 800 人的袖珍国，而神子原村也仅有 500 人，双方之间建立友好关系吧。”

如此一来，神子原村的米就成功地献给了罗马教皇。这件事被媒体竞相报道，神子原村的米作为“罗马教皇品尝过的大米”而一夜成名。直到现在，每当新米上市瞬间就被抢购一空，很难买到，堪称梦幻之米。

此外村里还开发了像红酒一样的日本酒，委托巴黎一家名叫 Alain Ducasse 的米其林三星餐厅进行销售。高野在大米的品控方面引入了人造卫星项目，做了广泛的尝试。据说最终原本几近废弃的村庄走向了复兴，重新恢复了生机和活力。

高野的尝试和成功有很多值得我们学习的地方，那就是怀疑常识、不断改革，一开始就打入世界市场。

最让人感动的是高野的献身精神。他既没有任何私心，也从不为自己谋求私利。他认为，所谓的公务员，就是要为公共事业、为人民服务的人，所以他一门心思投身于神子原村的复兴工作。

其实，我是在坐飞机的时候，通过飞机上播放的影音节目偶然得知高野诚鲜的故事。听完这个故事我感到热血沸腾，我相信，只要还有这样的人存在，日本就还能向前发展，所以我也要更加努力才行。

安倍首相复出的意义

人们往往会认为，不管是挑战还是创业，都是年轻人的特权。但是挑战从来没有太迟之说。

我离开谷歌公司自己创业是在53岁。人们一般认为这是一个差不多要退休的年龄了，但我发自内心地认为，人生才刚开始步入正轨。

日本人总是喜欢拿年龄当借口。年轻人总爱说“我还太年轻，没到时候”，年长者总爱谦虚地说“都这么大年纪了”“老年人逞什么强”。

年轻人思维灵活，干劲十足。老年人拥有年轻人所没有的丰富经验和知识。所以各自只需要毫无保留地充分发挥自己的长处和特点。挑战是没有年龄限制的。

但是，日本的创业环境从世界范围来看也是

非常不完善的，从世界银行所公布的排名来看，日本处于第120位。

日本政府方面有必要进一步加强基础设施建设并放宽限制，同时，营造一个为创业者提供支持并且帮助创业失败者再创业的环境也是非常重要的。

我认为在2012年年底的众议院选举中自民党重新获得执政权，安倍晋三再次担任首相一事有着非常重大的意义。

这意味着就连日本首相这个职位都允许再度尝试。给曾经失败过的人贴上标签，再也不给其挑战的机会，比起这样的社会，即便一度失败还能进行多次尝试的社会才会出现越来越多的挑战者，整个社会也就会焕发出活力，希望我们能够创造出这样一个社会。

5．迈进新时代所必备的六大素养

IT能力、英语能力、解决问题的能力、行动能力、沟通能力

20世纪的大企业时代已经结束，比起“大树底下好乘凉”的生活方式，越来越多的人选择了勇敢承担责任，不断提高自

身实力和品牌价值以积极迎接挑战的生活方式。

为了在这样的时代生存下去，我们应该特别关注并且掌握何种能力呢？

答案因人而异，但是最基本的还是IT能力、英语能力、解决问题的能力、行动能力和沟通能力。

所谓的IT能力，是指掌握IT领域的知识并且能够灵活运用的能力。熟练操作电脑、智能手机等设备自不必说，还包括在认识到互联网、云、社交网络本质的基础上灵活运用IT的能力。

其中最重要的是谷歌搜索引擎。可以说我们的日常生活已经离不开谷歌搜索了。

虽说Twitter、Facebook已经过了最热时期，但我会通过这两款社交软件了解一些新奇、增加灵感的信息。现在每天都会有新的应用程序和插件被开发出来。

日本开发的LINE发展势头也非常良好，其用户最近将要达到五亿人。这些新的App和软件不断地被人们开发出来并且成为热门话题，为了了解这些层出不穷的应用软件和插件，唯一的方法就是自己试着去使用。只有用过这些软件才能了解这些软件的优点、需要解决的问题、蕴藏的可能性，并且这也能够成为年长者与年轻人交流的一个契机。也就是说要不忘亲自体验。

关于英语能力，已经不用我多说了。如果想要和外国人合作或竞争，唯一的方法就是使用英语这个世界通用语言。从平均水平来看，过去中日韩三个国家的人英语都很差，但是后来中国人和韩国人的英语水平有了显著提升，与此相比日本人现在还在为英语发愁。

这是由于日本人对于英语的重要性认识不足，以及想要用英语交谈的欲望不够强烈。

随着 2020 年东京奥运会申办成功，可以预想到来自海外的访日游客数量将会飞速增长。因此这是一个实践将英语作为第二语言的好机会。想要学好外语，关键在于坚持，因此每天都要抽出时间来接触英语。

解决问题的能力是指对事物进行逻辑性思考从而推导出答案的能力。面对没有答案的课题，自己要不断地创造出答案——所谓的生存不过是这种行为的反复。为了这样不断创造出答案，还必须具备设计课题和提出问题的能力。

这件事不是一朝一夕就能见成效的。我们必须始终把握住宏观视角和微观视角的平衡，从成功以及失败、挫折中不断吸取经验和教训。

知识固然重要，但是随着互联网检索技术的发展，知识不足的缺陷在一定程度上能够得到弥补。因此，比起死记硬背这些知识，是否拥有快速检索出必要信息的能力，能否利用检索到的信息来解决问题才是成败的关键，因此解决问题的能力是非常重要的。

行动能力决定一切。说到底任何事就只有“做”与“不做”的区别，不管脑海中浮现出多少点子，能够说出多么漂亮的话，最终只有行动能把一切变成现实。

当你完成某件事的时候，肯定会出现很多人，纷纷表示他们曾经也那样想过。但是，既然有过同样的想法，为什么没有行动呢？特别是在凡事都追求速度的现在，行动的敏捷度大大影响着事情的成败。

我年轻留学时以及从索尼公司辞职时，都有很多人来找过我咨询留学以及跳槽相关的事，但最终这些人中很少有人把想要留学或跳槽的想法付诸实际行动。

在任何时代沟通能力都是非常重要的。特别是现在，越来越多的事都能通过互联网来完成，沟通能力反而成了更应具备的一种能力。我时常感觉到，越来越多的人虽然电脑运用得很熟练，或是在网上表现得如鱼得水，却完全不擅长面对面交流。

如果不具备做人最基本的面对面交流的能力，以及能够吸引对方的人格魅力，就无法获得长足发展。无论是早上打招呼，还是向帮助过自己的人表达感谢，从日常生活一点一滴的交流中能够了解一个人的沟通能力。缺乏人格魅力的人，大多是些只考虑自己而完全不关心周围人、对他人缺乏感恩之心的人。

这种人不管能力有多强，最终都会走向孤立，是成不了大器的。

怀疑潮流，怀疑新闻，怀疑权威

在以上这些基本能力的基础上，我认为“在今后的个性化时代里的必备素养”主要有以下六点。

（1）怀疑常识的能力；

（2）以地球为单位进行思考的能力；

（3）竞争意识；

（4）坚持己见的能力；

（5）讲故事的能力；

（6）专业意识。

接下来我想对这六大素养按顺序进行说明。

首先是“怀疑常识的能力”。日本人生性比较淳朴，因而对于上级的话以及权威也就比较顺从。这也是导致日本人富有团结精神的一大原因，但反过来也会有容易被别人操纵的危险。

我们从2011年的东日本大地震中吸取了很多教训，其中很重要的一个教训就是明白了怀疑常识的重要性。在此之前，很多日本人一直被灌输核能是安全的，并对此深信不疑。日本的核电站有多重安全措施的保护，因而绝对不会发生切尔诺贝利那样的事故——多数国民对此毫无理由地深信不疑。

但是福岛核电站泄漏事故的发生，使得人们深刻地认识到了这只是一种毫无根据的盲信。日本国民淳朴的性格起了反作用，导致他们轻信了政治家、学者以及媒体的话。随波逐流的盲信是非常可怕的，我们必须对此进行深刻反省。

日本人也非常容易制造潮流，一旦有什么开始流行起来，大家都生怕自己落伍，便争先恐后地做起了同样的事情。很久前的，由于《带我去滑雪》这部影片的热映，全国一下子掀起了滑雪热潮，一度导致滑雪场变得拥挤不堪。

当然，世界各地不论哪里都多多少少存在着这种现象。但是，如果换作美国人的话，他们会觉得做自己就好，因此很难像日本那样掀起巨大的热潮。日本人对于“别人都在这样做”“这就是社会常识”这样的话非常没有抵抗力。

学生毕业找工作的时候，日本的知名企业很受青睐，从这一点也能看出“别的学生都是这样选择的”这种盲从的思想根深蒂固。

不管是什么企业，只要是人的经营活动，就会有一定的寿命。一个企业，从“成立”这一起点开始进入创业期，当一切步入正轨，就迎来了发展期，之后慢慢进入稳定期，最终迎来衰退期。虽然也会有企业罕见地从衰退期再次回到发展期，但任何企业不论周期长短，自始至终都在经历这个循环。

学生在找工作时，至少要认识到自己的目标公司正处于这个循环的哪个阶段。否则很可能会在毫不知情的情况下登上正在下沉的泰坦尼克号。

相反，选择一些虽然规模小、名气不大，但在短时间内犹如坐火箭一般快速发展的公司可能会更好，或者干脆投身于

"制造火箭"的事业中去。总之，在今后这个变化剧烈的时代，要时刻留心去有意识地怀疑常识，这是非常重要的。

"音乐只能在室内欣赏"，如果不去怀疑这种常识，随身听就不会出现。如果美国的莱特兄弟没有挑战"人不可能在空中飞翔"这种常识的话，那么飞机的问世可能要大大延迟。

对于别人说的话，不要全盘相信，首先对于任何事都要养成怀疑的习惯，想一想"事实果真如此吗"，一旦出现疑问，就要立刻自己动手调查取证，并且在脑海中认真思考之后，形成属于自己的见解。这样一来，出现的问题就能立刻得到解决。

在福岛核电站泄漏事故发生之后，德国总理默克尔采取了英明果断的决策。虽然她原本是核电的推崇者，但是在福岛核电站事故发生之后刚过两个月，她立刻宣布到2022年，要将德国国内的核电站全部关闭，并且着手对国内能源政策进行全面修改，充分发挥了迅速并强有力的领导能力。

怀疑常识，无论何事都要亲自调查、独立思考，因而一旦意识到某个常识是错误的，立刻将其舍弃——只有不断重复这个过程，才能培养看透真理的能力。

所谓地球，正如字面意思，真的是个球状体

第二大素养是“以地球为单位进行思考的能力”，地球单位=global，global 这个关键词我已经提到过很多次。

日本人总爱把“全球化”（global）这个词当作“国际的”（international）这个意思来使用。但是 global 就是字面意思“球状的”，是指“地球”。也就是说能否从“俯瞰漂浮于太空中的整个地球”这个视角而非世界地图的视角来构想世界。

我注意到“从太空眺望地球的视角”这种思维方式得益于大学时读了立花隆的《从太空归来》一书。

书中提到，有过从太空眺望地球经历的宇航员毫无例外地人生观、世界观都发生了很大变化。据说这是采访了多名宇航员后得出的结论。

我还听说比起从人造卫星所在的高度俯瞰地球的宇航员，到达过月球，从更遥远的地方俯瞰过漂浮在太空中的整个地球的宇航员，其心理变化幅度更大。

从太空俯瞰地球的话，自然就不存在国界线，也就意识

到国界线不过是人类自身随意画出的一道线。蔚蓝的地球悠然地漂浮在遥远的黑暗之中，放眼望去，在一片死寂的世界里，只有地球上存在着生命，让人不禁觉得，地球是一个多么可爱的存在。

读完这本书后，我激动无比，不知从哪里找来了从太空拍摄的地球图片，在房间墙壁上贴了好一阵。说起来有些幼稚，有时我会把房间里的灯全关掉，在黑暗中用手电筒照亮图片上的地球，想要试着体验从太空眺望地球的感觉，可见这本书给我留下了多么深刻的印象。

进入谷歌公司的时候，我想起了很久前读过的这本书。

我去位于加利福尼亚州山景城的谷歌公司总部后，发现到处都用投影映射出地球的形象：谷歌搜索引擎在全球的应用状况、全球变暖的具体进程、在“谷歌地球”应用软件上体验环球旅行等，几乎全部都是以整个地球为视角在进行展示。

看到这些展示，我瞬间感受到，谷歌公司的

人都是以地球为单位在思考问题。

在互联网出现之前，只有一个真实的地球，互联网出现之后，全世界被网络覆盖，又出现了一个虚拟的地球。如今的人们来往于这个真实的地球与虚拟的地球之间，并且在其中工作和生活。虚拟地球是没有国界线的，与刚才说的从太空中看到的地球一样。

此外，虚拟地球也没有时差。世界各地跨越国界毫无时差地联结在一起。原本谷歌公司就是以虚拟地球为主营业务而诞生的，如此看来谷歌公司以地球为单位来思考就再自然不过了。

在这样的一个时代里，世界各地经常同时发生着多起同样的事件。地区冲突等消息，不论在哪里都能通过网络瞬间传遍全球。

以地球为单位进行思考并非谷歌公司的专利，而是今后时代人们必备的素养，日本人也应该跳出岛国思维的圈子，以更大的格局来俯瞰世界局势，不断调整自身所处的位置。

如果不能摆脱面对欧美时的自卑，就无法发挥竞争意识

第三点要说的是，为了与世界各国在竞争中一决胜负，需要不断磨炼“竞争意识”。

在商界，日本人往往看起来竞争意识薄弱，原因在于面对

欧美人时总是表现出自卑感，日本人在欧美人面前总是变得过于腼腆。

江户时代末期，在欧美列强压倒性的军事实力面前，日本被迫开国。在开国之后，日本人亲眼看见了欧美的先进文明，再加上太平洋战争的战败以及驻日盟军总部的占领政策……在这150多年间，日本人一直怀着对欧美人强烈的自卑感生存到今天。

特别是在太平洋战争以后，受到教育政策等因素的影响，日本人轻视日本传统东西的倾向增强。比如想要学习乐器，人们自然而然地就开始学钢琴、小提琴或者吉他，几乎没有人要学三味弦以及和太鼓。在日常生活中穿和服的文化也消亡了，日本全国的传统手工艺以及传统艺能的衰退之势也非常显著。

在民主党政权之下，当初围绕着跨太平洋伙伴关系协议（TPP）的争论至今毫无进展，虽然持反对意见的人否定的是加入TPP这件事本身，但这背后存在着他们对于争论以及谈判缺乏自信并感到不安的心理。所以首先必须克服这种还没上战场就想逃避的心理。

在体育界，日本拥有与世界各国选手在竞争中势均力敌的先驱者。其中具有代表性的有棒球界的野茂英雄以及足球界的中田英寿。

在野茂英雄宣布挑战美国职业棒球甲级联赛时，所有人都嘲笑他“日本的那一套在美国行不通”。但是他全然不顾这些冷笑之声，漂洋过海到了美国，在甲级联赛中创下了总计 123 胜的成绩。

从此，很多日本选手也开始意识到“根本没必要胆怯，说不定自己也能在甲级联赛有所作为”，从而无所畏惧地奔向世界。各个领域都应当增加这样的人才。

为了与各国堂堂正正一决高下，坚定的勇气和竞争意识是必不可少的。

什么都不说的人，会被认为毫无主见

第四个素养与“竞争意识”稍有重合，日本人有必要加强锻炼“坚持己见的能力”。

一般来说，日本人在交流的时候总是表现出谦虚的姿态。如果有人大声发表意见，即使日本人心里有不同的想法也不会提出来，而是保持沉默由着那人说，这样的场景很常见。

可以说这是一种希望尽量避免公开对立的作风，这种做法虽然在日本行得通，但在国际社会上是行不通的。如果不敢打断大声讲话的人并且积极传达自己的意见，就会被看作没有任何见解的无能之人。

参与辩论的人需要时刻针对辩论的内容积极发表意见，因而主动发言以及坚持己见非常重要。

在英语辩论中，日本人的存在感会变得非常弱，这不仅是语言的问题。如果要提出几个要点的话，日本人的说话风格是这样的，首先要来个季节的问候，结论最后再说，但是与外国人交谈的时候，最先发表结论才更加具有说服力。如果开场白过长，说话太啰唆，周围人会不明白你想要表达什么，这样就很容易被别人插话。

重要的是，无论面对任何人都要无所畏惧、堂堂正正地发表意见。腼腆的日本人在外国人面前，可能是由于自卑感或是缺乏自信，很容易不自然地紧张起来，变得畏畏缩缩。其实表现得像平常一样就行了。

在索尼公司繁荣的时代，国外的知名高管以

及有影响力的政治家相继来公司拜访。盛田先生以及大贺典雄先生等索尼公司的历代领导者在接待这些嘉宾时，面对任何大人物都气宇轩昂，在旁边看着也让人备感自豪。

我在谷歌公司时，面对来自世界各地的活跃人才，与他们用英语交流使我感到非常辛苦。不擅长坚持己见的日本人在与外国人共事时，一定要对自己抱有自信，并且要踏踏实实地训练自己，掌握沟通的技巧。

乔布斯不讲产品参数，只讲故事

第五大素养是“讲故事的能力”。

当今社会，人们的需求几乎全部能够得到满足，如果仅仅出售质量好的产品，顾客是不会购买的。一件产品的质量固然重要，但如果背后没有一个故事，就无法打动人心。

人们通过听故事来想象产品制作者的样子，“这个人竟然是怀着这样的志向、信念、热情在制作这个产品啊”“这个人经历了这种事之后才开始这项事业的啊”，当人们接受了对方的故事，原本平凡的商品或事业，瞬间就变成了有生命的东西。

乔布斯在新产品介绍发布会上，也是比起讲解产品参数更重视讲故事。比如“购买苹果产品的话就能够体验到这种生活”“生活中这些场景能够像这样变得丰富多彩”这样的故事。

他的这种做法不仅限于发布会，在 iPhone 以及 iPad 的电视广告中也都贯彻了这种作风。

想必很多人都知道 TED（美国的一家私有非营利机构），它邀请活跃在世界各地的有名或无名的才俊，在不到 20 分钟的有限时间内与大家分享自己的行动或经历，其中的很多内容让人受益匪浅。

《从“为什么”开始》（*Start with why*）这本书的作者西蒙·斯涅克也是 TED 的演讲者，他主张“相比‘什么’（what）和‘如何’（how），人们更会因对‘为什么’（why）产生共鸣而采取行动”，对此我深有同感。

在对某个产品或者事业进行说明时，很多人会先从解释这个产品或事业（what）开始，然后说怎样使用它，它是怎样生产出来的（how），至于为什么设计出这种产品（why）往往都是放在最后才提，很多时候甚至不提。

但是，具备演说能力以及营销能力的人，说话顺序完全相反。他们首先会从“why”入手，其次是“how”，最后说明“what”。

的确，从“what”开始说的话，说话的内容很容易变成以说明产品参数为中心。但是如果从“why”开始叙述的话，很自然就能从讲故事开始，即“自己是以什么样的情怀做出这件产品的”。

在发布苹果电脑（麦金托什机）时，乔布斯说过，设计出这个电脑是“for the rest of us”，也就是说为了剩下的那些还没有熟练使用电脑的人，这正是“why”式的说话方式。

如果能够听取乔布斯的建议，即先从“why”开始说，而不是从“what”开始。即便只是能够体会到这种思维方式，讲故事的能力都会大大提升。

专业意识是指面对任何困难都能以平常心对待

个性化时代所必备的第六大素养，就是“专业意识”。

“专业意识”这个词有各种解释。关于“何谓专业人士”，其衡量尺度人各不同。

那么，此处所说的“专业意识”是什么呢？它是“直面逆境时被考验的东西”。

工作不可能永远一帆风顺，无论是谁都曾有过突然进入漆黑的隧道找不到出口的时候。

这时，如果太过害怕而停滞不前，或是四处逃窜想打退堂鼓的话，就证明你还只是个外行。

专业人士无论面对任何困境都能保持平常心，不会迷失本来的目的，为了达到这个目的郑重地把自己该做的事做好。即使误入漫长的隧道一时找不到出口，也能够对当前的状况、导致这种状况的原因，以及脱离这种状况的解决方案做出假设，并冷静地采取行动。

他们坚韧不拔地展开行动，坚信即使没有立刻见效，也总会有从隧道中走出来的那一天。这是一种集智慧、耐力、胆识于一体的“克服逆境的能力”。

再拿运动员的例子来说，职业棒球选手铃木一郎的身上就存在这种能力。

随着年龄的不断增长，在标准上他已经超过了现役选手的年龄极限，如今正迎来困难时期。他在 2012 赛季中途转到纽约扬基队，属于后发击球，甚至不能确保作为正式选手，遭到了非常屈辱的对待。

即使如此他也没有灰心丧气，而是默默地不断练习，乐观地打好每一场比赛，并且在当时那一赛季的后半赛季再次大展身手。

我们能想象到一郎满腹牢骚、自暴自弃的样子吗？越是在痛苦的时期他越是显示出了强大的自律能力，他的这种强大告诉我们什么才是真正的专业精神。

6. 聪明地思考，愚笨地做事

那些在别人成功后才表示“我也有过同样想法”的人

从索尼到谷歌再到创业，我在 30 多年的商界生涯中遇到过非常多的问题和困难。每当遇到困难时我都会这样告诉自己：“聪明地思考，愚笨地做事。”

这个世界上，能够聪明思考的人非常多，但是能够把自己所想之事坚持做到最后的人非常少。另外，不深入思考，只是做事也是不行的。当你真的想要做成某件事的时候，唯一的做法就是：聪明地思考，在此基础上愚笨地去完成它。

越是聪明的人，在碰壁的时候，越是擅长运用极具说服力的言辞陈述做不到的理由，然后立刻放弃，或者把这个包袱抛出去。

还有一种“发散型”的人，这种人脑海中经常会像泉水一般涌现出各种独特的点子，但是下一秒他们的兴趣立刻就会转向别处，结果那些灵感并没有得到实践，就那样一闪而逝。每当看到新产品推出的时候或是别人成功的时候，他们就会满不在乎地表示："其实我也这样想过""当然我也早就注意到了"。

说这些话有什么意义？既然你也有过相同的想法，为什么没有亲自去实践呢？聪明地思考固然很重要，但是愚笨地去践行并最终获得成果需要执行力和耐力，有没有这两种能力正是成功人士与芸芸大众最明显的区别。

甘认失败而放弃的人不是专业人士

当碰到困难的时候，如果采取正面攻击法无效的话，就努力寻找是否还有别的方法并且不断采取各种措施。与其花时间重复那些失败的借口，还不如坚持不懈，努力采取各种方法来尝试解决问题。这样的话最终一定会有结果，这才是专业人士的做法。

不管从事什么工作，总会有进展不顺利、碰壁或是误入黑暗隧道迷茫无助的时候。这时如果呆立不动，放弃采取任何行动的话，就永远无法突破障碍，也不可能穿越隧道。

总之，只要一点点地采取行动，总会有突破障碍、走出隧道的时候。向左不行的话就向右，向右也不行的话就试着把天花板或地板凿开。坚持自己的初衷，不轻言放弃，总有一天能够找到解决方法。

再强调一遍，只有认识到这一点才是真正的专业人士。

永远坚持“why”而随时舍弃“how”

一旦说起“愚笨地坚持到最后”，想必很多读者都会有疑问：既然都说了“舍弃”非常重要，这不是相互矛盾吗？

并非如此，凡事都分两种场合，一种是“要愚笨地坚持做到最后”，另一种是“要有勇气中途放弃”。愚笨地坚持做到最后非常重要，放弃也同样重要。能够有所区分才是最重要的。

“要愚笨地坚持做到最后”与“要有勇气中途放弃”这两种情况的判断标准可以通过“why”和“how”来进行考虑。

所谓的“why”是指本来的目的，即“为什么要做这件事”；“how”是指方法，即“如何能达到这个目的”。

一般来说，属于“why”的部分都是应毫不动摇地、愚笨地坚持做到最后的事。

另一方面，“how”不过是实现“why”的方法。一旦发现用某种方法不能实现目的，完全可以中途放弃这种方法。

也就是说，“why”是必须毫不动摇去坚持的东西，而“how”可以中途放弃，甚至有的时候必须放弃而不得有半点犹豫。

我下定决心要从任职多年的索尼公司辞职是在某个晚上，结束了冗长又毫无成果的经营会议之后，走出会议室的时候。我抬头望见公司墙壁上闪耀着蓝色光芒的“SONY”几个字母，曾几何时我是怀着憧憬的目光去仰望它，但是那一瞬间我只感到了深深的徒劳。

“啊，我不能再待在这个地方了，是时候该离开了。”

那一瞬间我本能地对此坚信不疑。如果说人生的目的是“why”，那么工作的公司就属于“how”。从一家公司辞职只不过是改变了实现人生目的的方法。

之后与谷歌公司的相遇，正是得益于放弃了那时的“how”，这次我又放弃了谷歌公司这个选项，而获得了创业这个“how”。

无论在索尼公司还是在谷歌公司，我都拼尽全力，做到极致。也正因为如此，我才能敏锐地觉察到应该舍弃的东西，并且不错失时机。

全身心地投入当下的工作，一旦时机成熟，立刻舍弃旧的做法，开始新的尝试。我希望自己能以这种轻快的步伐过完一生。

后　记

我应邀写这本书已经是两三年前的事了。这是我写的第二本书。当时公司刚创立不久，我正忙于推动公司运转和发展，还没干出什么名堂来就写书教导别人实属自不量力，所以就以没有精力写书为由婉拒了，但是负责此事的年轻编辑非常敬业，他力劝我说“应该有很多东西是只有现在的你才能够传递给大家的”，我因此被说服了。

但是动笔以后，我发现还是没有时间写作，从动笔到完成花了很长时间。因此初步完成全书后，我又逐一进行了修改润色。

在修改本书的过程中，我也深深地感受到当今世界的飞速变化。

在短短两年间，日本发生了巨变。在此期间，持续了三年多的民主党执政结束，政权又回到了自民党手中；2013 年日本成功获得了 2020 年奥运会的举办权；富士山列入世界文化遗产名录；“和食”列入世界非物质文化遗产名录……对于日本来说好消息接连不断。

长期的通货紧缩以及日元走高的状况也得到扭转，企业的业绩略有回升，整个社会的氛围也变得乐观起来。

在这种背景下，本书中的“舍弃”这个主题是否还适用于整体氛围发生变化的现今社会呢？对此我重新进行了各种思考。

相比最近 10 年，今后 10 年里整个世界的变化将更加风云激荡。牛津大学发表了一份报告，预测在今后 20 年里，当前 50% 的工作岗位将会消失。

实际上多数劳动密集型的工作将逐渐由电脑和机器人完成，有人预测这将导致大量人员失业时代的到来。

企业的生命周期也在不断缩短。你的公司很可能会突然倒闭，你也可能会突然被解雇，这样的悲剧随时可能发生。

即使没有遭遇公司破产或者被解雇，能够一如既往持续加薪的公司也会急剧减少，进入公司后能够一直工作到退休的传统模式今后将会进一步崩溃，很多人将不得不频繁更换工作。

在那样的时代里，具有看准“舍弃”“放弃”时机的能力会越来越重要，我坚信这个趋势，因而决定保留本书中的“舍弃”这个主题。

为了得到新的东西，就必须放弃当前拥有的东西。我希望通过本书尽可能地把这种舍弃、放弃的勇气以及诀窍传递给大家。

辻野晃一郎　2014 年 5 月

推荐阅读

商业模式新生代（经典重译版）

作者：（瑞士）亚历山大·奥斯特瓦德 等 ISBN：978-7-111-54989-5 定价：89.00元

一本关于商业模式创新的、实用的、启发性的工具书

商业模式新生代（个人篇）：一张画布重塑你的职业生涯

作者：（瑞士）亚历山大 奥斯特瓦德 伊夫·皮尼厄 ISBN：978-7-111-38675-9 定价：89.00元

教你正确认识自我价值，并快速制定出超乎想象的人生规划

商业模式的经济解释
作者：魏炜 朱武祥 林桂平
ISBN：978-7-111-38128-0
定价：36.00元

慈善的商业模式
作者：林伟贤 魏炜
ISBN：978-7-111-32901-5
定价：32.00元

重构商业模式
作者：魏炜 朱武祥
ISBN：978-7-111-30892-8
定价：36.00

商业模式的力量（升级版）
作者：彭志强
ISBN：978-7-111-31335-9
定价：36.00元

发现商业模式
作者：魏炜 朱武祥
ISBN：7-111-25445-4
定价：38.00元

扫一扫，听分享

互联网+传统企业转型
推荐图书

联网力:传统行业互联网化转型的原动力

作者：杨学成 ISBN：978-7-111-50700-0 定价：49.00元

北京邮电大学经济管理学院副院长潜心力作！
罗辑思维创始人罗振宇鼎力推荐

打通：传统企业向互联网+转型的7个关键要素

作者：何伊凡 ISBN：978-7-111-50925-7 定价：39.00元

互联网+转型必读装备书，全面呈现传统业向
互联网+转型的理念、工具和方法
雷军、陈春花等强烈推荐！

激活个体：互联时代的组织管理新范式

作者：陈春花 ISBN：978-7-111-51742-9 定价：49.00元

这是一本连接过去、现在和未来的书，这是一本重新定义管理的书，这还是一本“活书”，由你和陈老师一起书写。

事业合伙人：知识时代的企业经营之道

作者：康至军 ISBN：978-7-111-52803-6 定价：39.00元

合伙人时代已经到来雇佣制即将破灭，合伙人将取代职业经理人。有潜力的员工会以事业合伙人的身份来主导自己的事业与未来。